U0452449

The Warcraft of Family Education

家教兵法

东子36法让你的孩子成为英才

东　子 / 著

家长的高度决定孩子的未来

南方出版社

图书在版编目（CIP）数据

家教兵法 / 东子著． — 海口：南方出版社，2013.12
ISBN 978-7-5501-1835-5

Ⅰ．①家… Ⅱ．①东… Ⅲ．①儿童教育－家庭教育 Ⅳ．①G78

中国版本图书馆CIP数据核字(2013)第315837号

家教兵法

责任编辑：	师建华　孙宇婷
出版发行：	南方出版社
地　　址：	海南省海口市和平大道70号
电　　话：	(0898) 66160822
传　　真：	(0898) 66160830
经　　销：	全国新华书店
印　　刷：	北京中科印刷有限公司
开　　本：	700mm×1000mm　1/16
字　　数：	215千字
印　　张：	16
版　　次：	2014年3月第1版第1次印刷
书　　号：	ISBN 978-7-5501-1835-5
定　　价：	32.00元

新浪官方微博 http://weibo.com/digitaltimes

版权所有　侵权必究

该书如出现印装质量问题，请与本社北京图书中心联系调换。

自　序

育人者之责

　　现如今的中国，择校成风，越来越多的父母把孩子送到条件相对优越的学校，于是，一些重点学校、实验学校，每到招生季节，总是车来人往，挤破门槛。家长的目的，就是想依赖学校相对好的软、硬件条件，让孩子接受更好的教育，将来"考北大、上哈佛"。

　　很多家长认为，把孩子送进"好"学校，自己的责任便尽到了，就可以高枕无忧。其实，这是一种推卸自身责任的做法。这种过分依赖学校教育，而忽略家庭教育的家长越来越多。

　　教书确是教师的事情，要依靠学校教育；而育人，主要是培养孩子良好的品德和习惯，这还要依赖于父母的教育思想和自身行为。父母不仅是孩子成长的法定监护人，还是孩子的第一教育责任人。

　　因此，父母要意识到家庭教育的重要性，不要过分依赖学校教育；要多关心孩子，与孩子多交流，做孩子的朋友；要重视自己的言行，真正实现自我教育，用自己的良好行为影响孩子。

　　父母不仅仅是孩子的第一任老师，而且是终生的老师。据对成功人士的调查表明：对其一生发展影响最大的是父母。同样，对犯人的调查也表明：对其犯罪行为影响最大的也是父母。家庭是每个人走向社会的窗口，家庭环境和父母对子女的教育方式，是影响个体发展的重要因素。

家庭是孩子生活的起点，家庭教育是人的基础教育，是父母用人格、品质、学识、情感以及生活习惯给孩子以熏陶的基本教育。因此，父母直接影响孩子的心理、性格、习惯和行为，家庭教育不当，家庭成员自身的行为不良，是导致孩子行为发生偏差，甚至犯罪的重要原因。正是因为有这么多的"问题家长"，才会诞生许许多多的"问题孩子"！因为是父母将一颗原本纯洁无瑕的心熏染、教育成了有问题的心灵！

被誉为一代"歌王"的李双江，是中国家喻户晓的著名歌唱家，可谓事业大成，然而由于他没有尽到一个父亲的职责，其溺爱娇惯的不当教育行为，使儿子李天一成了臭名昭著的恶少，16岁因无证驾车并打人被教养后，刚刚走出教养所就犯下轮奸少女的恶行。

在人们纷纷议论李天一"坑爹"的同时，东子想到的是背后李双江和梦鸽夫妇的"坑子"在先。李天一出生时也和其他孩子一样，是可爱的小天使，之所以成了恶少，皆因李双江和梦鸽的不当教子所致。

人的一生，无论做什么工作，都有属于自己的职业，不管你是从政、经商，还是教书、搞科技，到了一定的年龄都要退休；而对于已婚的有孩子的男人女人而言，还有一种职业，终身不退休的职业，那就是——父亲或母亲，合称家长。所以，即便你的工作很有成果，事业也很成功，如果没有尽职地做个好爸爸好妈妈，那你也是失败的。

家庭是儿童生命的摇篮，是人出生后接受教育的第一个场所，即人生的第一个课堂；父母是孩子的第一任教师，即启蒙之师，其职责不仅仅是教孩子说话、走路，还要教他们学习、生活和做人等。

孩子出生后，从小到大，几乎2/3的时间生活在家庭之中，朝朝暮暮，都在接受着父母的教育和影响。这种教育是在有意和无意、有计划和无计划、自觉和不自觉之中进行的，不管是以什么方式、在什么时间，都是父母以其自身的言行教育影响着子女。

所以，对父母来说，爱孩子不仅仅只是体现在给孩子创造一个好的物质环境和选择一个好学校，而是勇担责任，给孩子一个好的心理环境。

推卸责任，丢掉义务，得到的是孩子成长的残缺。

很多家长不善思索，不掌握科学的教育思想，缺少因材施教的方法，这样，孩子即便考出高分，也大都是书呆子，情商较低。当下的一些博士和硕士就是这样，虽然专业知识还可以，但是不善于应用，而且不懂人情世故、没有长幼尊卑、不会交流沟通，这都是父母没有尽到教育职责所致。

同样在应试教育大环境下成长起来的范姜国一，何以成为"品行好、能力强、学业优"的阳光少女？这自然得益于我这个尽了职责的老爸。我自幼喜欢军事，后来当过兵。在我书柜里的军事著作中，线装本的《三十六计》是为最。《三十六计》是中国古代最优秀的兵书，是战无不胜的军事宝典。六六三十六，数中有术，术中有数，阴阳燮理，机在其中。

俗话说，商场如战场。近些年，国内外很多商界领袖，运用《三十六计》的兵法谋略经营企业，均大获成功，于是各种版本的"商业三十六计"应运而生。企业可以运用兵法致胜，那么家长是否也可借此智慧，让孩子健康、快乐地成长呢？

我在积极履行家长职责的同时，经过多年的思索，集合当下中国教育的误区，总结提出了"教育三十六法"，也就是您现在看到的这部《家教兵法》。回顾自己做家长的历程，我正是很好地运用了兵法的智慧，给了女儿一个快乐童年，使孩子获得了"品行好、能力强、学业优"的三赢。

所以，如果您也能尽到一个做父母的基本职责，成功运用"家教兵法"，您的孩子同样可以成为"品行、能力、学业"俱佳的好孩子。"家教兵法"可以说是孩子健康成长的指南。

家庭是孩子走向社会的摇篮，给孩子一方无忧、快乐的生长空间，让他健康地踏上生命的征程，这是每一个做父母的不可推卸的责任。

东子
2013年冬于长春

目录 CONTENTS

第一篇　身教法——父母做对了，孩子才优秀　/1

教育的目标，本是培养全面发展的人，可是在"以分数论成败"的应试教育环境下，中国的教育已走向全面追求分数的极端。于是"学习至上，成绩至上"成了孩子们的唯一目标，而正直、诚信等品行方面的问题似乎变得无所谓了，然而，真是这样吗？

第1法　芒寒色正——正直永远不会过时　　　　/3
第2法　持之以恒——好习惯成就好未来　　　　/10
第3法　志在必得——自信让你所向披靡　　　　/15
第4法　言而有信——诚信做人天宽地广　　　　/20
第5法　责无旁贷——勇担责任无形之力　　　　/25
第6法　业精于勤——积极进取勤勉奋进　　　　/31

第二篇　言教法——如何说，孩子才会听　/39

如今，很多家庭里都是独生子女，这样就出现了6个大人围着1个孩子转的情形。在这种情况下，家长对孩子犹如众星捧月，万事以孩子为先，他们往往爱心过剩，从孩子一出生开始，一味地娇惯、迁就孩子，不惜一切代价地为孩子付出。然而，这真的是为孩子好吗？

第7法　斟酌损益——不让孩子胡搅蛮缠　　　　/41
第8法　分清善恶——告诉孩子去恶近善　　　　/46
第9法　知书达礼——教育孩子有礼有节　　　　/53
第10法　申之孝悌——教孩子知爱念感恩　　　　/59
第11法　守土有责——让孩子做好分内事　　　　/65
第12法　阴阳燮理——使孩子晓男女之别　　　　/71

第三篇　赏识法——这样表扬，孩子进步快　/77

家长都希望孩子成龙成凤，总是怀着急切的心情希望自己的孩子比别人的孩子强，于是当孩子没有达到自己的要求，或比别人的孩子少考了几分时，家长就会责骂孩子。"你懂什么""你别瞎胡闹""瞧人家××"甚至成了许多家长常挂在嘴边的话，殊不知，这是伤害孩子自尊心、自信心的最恶毒的语言。

第13法　多加青睐——孩子需要你的关注　　/79
第14法　倍慰蒙童——要多抚慰你的孩子　　/86
第15法　勤于鼓励——孩子是需要肯定的　　/92
第16法　赞其优长——首肯孩子的闪光点　　/99
第17法　褒不过极——赞赏孩子把握分寸　　/105
第18法　乐及众乐——及时分享孩子快乐　　/111

第四篇　惩罚法——怎样批评，孩子才爱听　/117

生活中，有些家长在孩子犯错时，不是就事论事，而是骂孩子"笨""没出息"；也有些家长平时对孩子一味妥协、纵容，实在忍无可忍了就进行"棍棒教育"，甚至喜欢揭老底、翻旧账；还有些家长不以为然，认为孩子还小、不懂事，长大就明白了。家长们对待孩子错误的态度可谓五花八门，对错误的惩戒也是形式多样。那么，这些态度和方式是否科学、可行呢？

第19法　恶小不为——孩子小错不容迁就　　/119
第20法　批之有道——批评也要讲究艺术　　/125
第21法　训导有方——要使孩子心悦诚服　　/132
第22法　温火炼丹——惩戒不能伤害孩子　　/137
第23法　陟罚臧否——孩子要为行为负责　　/143
第24法　罚不及众——不可迁怒责罚孩子　　/149

第五篇　循规法——慢养，教育孩子不能急　/155

现在，很多父母都不想让孩子输在起跑线上，于是有些父母为求心安，盲目地给孩子报辅导班；也有些父母经常拿自己的孩子跟别人的孩子比较，孩子进步慢一点就骂孩子笨。其实，顺应孩子的天性，尊重孩子的身心发展规律以及不同孩子之间的个体差异，才是家长们真正应该做的。

第25法 水到渠成——勿对孩子揠苗助长 /157
第26法 避苦驱乐——让孩子做喜欢之事 /163
第27法 因材施教——尊重孩子个体差异 /169
第28法 顺其自然——遵循儿童成长规律 /175
第29法 趋利避害——要认清事物两面性 /181
第30法 积跬至千——千里之行始于足下 /187

第六篇 逾矩法——大胆放手，孩子更优秀 /193

生活中，有些家长打着关爱孩子的旗号，本着生怕孩子犯错的担忧，喜欢控制孩子，不仅规定孩子应该干什么，连在什么时间干都规定得满满的；也有些父母过多地照顾和保护孩子，不给孩子提供独立自主的机会；还有些父母按照老一套来教育孩子，或者盲目跟风。在一定程度上，这些成了孩子们"弱"的根源。

第31法 收放有度——自由让孩子飞更高 /195
第32法 以逸待劳——活学乐学效高绩优 /200
第33法 尊重为大——遵从人性以人为本 /207
第34法 出奇制胜——没有什么不可以的 /214
第35法 大胆放手——鼓励孩子敢想敢做 /222
第36法 志在鸿鹄——放飞梦想成就未来 /228

附录 东子家教问答 /235
后 记 /245

第一篇 身教法——父母做对了，孩子才优秀

教育的目标，本是培养全面发展的人，可是在"以分数论成败"的应试教育环境下，中国的教育已走向全面追求分数的极端。于是"学习至上，成绩至上"成了孩子们的唯一目标，而正直、诚信等品行方面的问题似乎变得无所谓了，然而，真是这样吗？

第1法　芒寒色正——正直永远不会过时

释义："芒寒色正"出自唐朝刘禹锡的《唐故尚书礼部员外郎柳君集纪》："粲焉如繁星丽天，而芒寒色正。""芒寒色正"是指星光清冷色纯正，借以称颂人的品行高洁、正直。

法旨：本法旨在让家长知道培养孩子正直品行的重要性，以及家长如何通过自身良好的品行影响孩子的成长。因为不管人类发展到什么时候，正直都是良好品行的根基，好的品行可使孩子终生受益。

亲子关注 >>>

在虚伪、虚假充斥着我们生活的今天，正直似乎已经过时，以至于出现了"做人不能太实在"的说法，"实在"似乎成了一个贬义词，"实在人"也成了"傻里傻气"的代名词。于是家庭教育中，有些父母"识时务"地

家教兵法

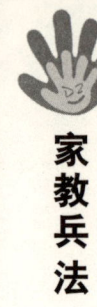

放弃了对子女进行正直教育；有些父母如履薄冰地坚持着；还有些父母则迷茫困惑、不知所措……那么，今天的家庭教育中，父母是否应该坚持对子女进行正直教育呢？父母又应该如何进行正直教育呢？

案例聚焦 >>>

Case A ——

在我国古代，流传着很多刚正不阿的清官们为人正直的故事，明朝中后期的海瑞便是其中之一。海瑞是敢于冒死骂皇帝的忠勇之臣，是为腐败官场所不容的坚贞之士，是深受百姓爱戴的"海青天"，也是被史家誉称为"真男人"的大丈夫。

海瑞在福建省南平县担任了将近四年的县学教谕，虽屡屡冒犯上司，但由于其为人正直，业绩斐然，深得一些正派官员的赏识。嘉靖三十七年，海瑞终于得到吏部的垂青到京师任职，虽然只是低级官员，但面对昏庸的皇帝和颓废的朝政，海瑞写下了一篇名为《治安疏》的著名奏章后，毅然买好棺材上疏死谏。

海瑞这篇奏章被史家们看做是"史无前例"的天下奇文，因为它几乎全盘否定了一个拥有至高无上皇权的一国之君。他抨击嘉靖皇帝，指出嘉靖其实是一个自私、虚荣、残忍、多疑和愚蠢的君主，连做父亲和丈夫的责任都没有尽到，更别说作为一个君王所应尽的责任了。嘉靖皇帝虽被气得暴跳如雷，但又不得不承认海瑞的旷世忠耿。

海瑞在苏州、南京做南直隶巡抚等高官时，采取了一系列肃贪倡廉的行动，并声势浩大地在南直隶境内展开。海瑞上任一个月后，被送到南京刑部的贪官就有一百多人。有一个县从知县、县丞、主簿到典史等一共被抓了十多人，几乎把一个县衙门全抓空了。海瑞在南直隶境内的反贪行动初见成效后，便向以乡官集团为首的地方豪绅开战了。

海瑞在处理乡官豪绅的问题上遇到了难题。江南最大的乡官、海瑞的恩人、前内阁首辅徐阶是江南民愤最大者，此人令人怨神怒。在法与情的较量中，海瑞作出了果敢的抉择，为此赢得了百姓的爱戴和后世的景仰。

Case B ——

有一个年轻人讲述了，因为父母品行不端、缺乏正直，而迫使自己身受其害的故事：

"看完今年'3·15'晚会关于国美的那段，我特有感触，看的时候父母骂声连连，我知道这是因为关系到了他们作为消费者的利益，但是轮到自己时，事情就会完全变样。

"就拿我上学期间做促销员时发生的事来说，当时碰到许多类似的问题，跟父母交流，他们的态度很明确，以下是原话：'咱不管别人，只要自己拿得多就好，谁拿得多谁聪明，不拿就是傻子，给他们（指消费者）更傻！'

"还有学校的补助。说实话，我家的经济状况真没到那种程度，但他们就是让我往上报争取补助，还说平时尽量要装得低调点，花钱别让别人看见，最终能拿到钱才最重要，才是有真本事。说实话刚开始我尽管脸红，但是会硬撑，不过当我拿到钱后，就觉得心里很不是滋味，因为我得到的钱本来应该是属于那些贫困生的。可爸爸妈妈则会大肆表扬我，夸赞我'有本事'。

"我小时候一直接受着这样的教育，每次照着他们所说的去做那些事，成功后都会被表扬；如果我因为正直而不去做，则会被他们骂是傻是笨。所以，我从小就觉得做那些事都是应该的，而且能做到说明自己聪明，应该得到更多的称赞。

"直到现在，在一些为人处世上碰壁后，我才开始了反思。比如，我不能取得朋友的长期信赖，擅长很快谋取短期利益，但是并不能维持长期利益。我知道由于我不正直的人格使我失去了很多原有的信任，潜意识里也知道什么是不道德，但是父母的那种观念对我的影响好像根深蒂固一样，以不正当手段获取利益的想法总是不断涌现在我脑海中,甚至成为我谋生的本能,我觉得自己是那么肮脏、丑陋,我很害怕我的将来。

"现在,父母还是一如既往地'支持'我的做法,有时我甚至也认为这样做没什么不可以,可又知道这样是走不长的,早晚有一天会让我陷入绝境。但是这么多年都这样,真不知道如何能改。我真的很佩服那种正直的、维持正义的人,而我在事情发生的时候就绝对没那个底气,现在的我觉得自己是残缺的,所以有些恨我的父母……"

东子热线 >>>

东子想先说说我和我家人的正直故事。

多年来,"好管闲事"是大家对东子的诸多评价中一个意见比较一致的认识,以至于我每次外出,妻子都要嘱咐一句:"少管闲事,把自己的事做好就行了。"可是禀性难改,见到令人气愤的事,我就想伸出援手。正因为这样,才有了东子是"当今社会敢说真话、有正义感、尚健在的为数不多的人之一"之说。

东子最经典的正直故事,当属因为帮助两个贫困学生而丢掉工作的事。那是1997年深秋,当时我在西安人民广播电台主持《东子心理咨询》节目(我是台里的外聘主持人)。一天,两位经常听我节目的陕西财经学院大二女学生找到我说,她们在勤工俭学推销杂志时,遭到雁塔区文化局工作人员恐吓、限制人身自由和没收杂志的事。两个女孩子在讲述时,一直泪流不止。我安慰了她们后,决定把整个事情查清楚,替两个女孩讨回公道。

经过一番调查了解后,我在节目中披露了这件事。听众纷纷打进热线来谴责这种"以权压人、以势欺人"的恶劣行径,并要求有关部门对这两个工作人员进行严厉查处,还受害者一个公道。节目播出后,台领导找我谈话,让我以后不要再在节目中提这件事了,可我怎么向期待结果的听众交代呢?无奈之下,我通过进一步采访将节目传送给了中央人民广播电台。

11月15日，中央人民广播电台《新闻纵横》节目播出了我对雁塔区文化局纵容工作人员恐吓女大学生事件的调查采访。节目播出后，在听众中引起了强烈反响，同时也引起了相关部门的注意。节目播出的当天，西安人民广播电台台领导就打电话给我，问我这到底是怎么回事。第二天，台里决定暂停播出《东子心理咨询》节目，就这样我的节目被搁置了起来，后来无声无息地寿终正寝了。

节目播出的第三天，那两个女学生打来电话说，文化局的人到学校向她们道歉了，并退回了杂志。想到终于为两名女大学生讨回了公道，我长长地舒了一口气。尽管他们的致歉缺乏诚意，尽管我为这没有诚意的歉意付出了太多，但是我依然感到很欣慰，因为助人终归是快乐的。

我的正直源于我的父亲。我的父亲性格耿直，熟识他的人都说他"嘴黑"，说话太直性，不给人留面子，可谁家有了什么事，还是都来找他。因为父亲评判事情黑是黑，白是白，从不看人下菜碟，哪怕是天王老子做错了事，他也敢说敢骂。好多小辈分的人见了父亲都感到畏惧，但又从内心里佩服他。

20世纪七八十年代，父亲在公社农场当会计。一年秋天，农场水稻获得大丰收。公社一位党委副书记到农场检查工作时，连连称赞这里生产的大米好吃，还决定购买100千克，并当即随车带回了这100千克大米，说过段时间让人把钱捎来。可这位书记走后，一直未付大米款。一个月后，父亲到公社开会，特意找到书记问那100千克大米的事，书记说过几天派人送去。可又过了一个月，仍无音讯，父亲终于沉不住气了，腊月二十八到书记家要回了大米款。

像接力一样，我又把正直传递给了我的孩子——范姜国一（乳名依依）。

我和女儿依依在大连生活时，经常乘坐公交车。在大连乘公交车，有一个不成文的习惯——自觉排队，这也是大连的一道美丽风景，我和孩子从来未破坏过这道风景，但总是有个别人不排队往上挤或插队，一般情况都是由我出面制止。由于自小受我的影响，依依也充满了正义感，遇到不平的事就想管。有时遇见此事，我还没来得及管，依依就管上了，有次不满10岁的她上去扯那个没排队往车上挤的成人，那个人却把她扒拉到一边，她险些摔倒。

后来，我告诉孩子，有正义感是好事，但是也要量力而行，有些成人的非正义行为，以我们当时的力量管不了，我们就不要去管，但我们可以不去那样做。人要正直，但也要保护自己不受伤害。

陶行知曾经说过："千教万教教人求真，千学万学学做真人。"这句话的意思是说，父母和老师要教育孩子做真正的人。因此，父母要帮助孩子从小树立正确的价值观，学会正直做人。

孟子说："枉己者，未有能直人者也。"这句话的意思是说，自己不正直是不可能使别人正直的，也就是说，上梁不正下梁歪，中梁不正垮下来。儒学的政治学强调领导人的表率作用，这与我们今天谈到的家庭教育中父母的榜样作用思想是一致的。

上梁不正下梁歪，有什么样的老子就有什么样的儿子，这是告诉我们要以身作则的警世格言。**你怎样穿衣服，怎样跟别人谈话，怎样议论他人，怎样表示欢欣或不快，怎样对待朋友和敌人……所有这些都有很大的教育意义。**好的榜样能使孩子学善，坏的榜样则会使孩子学恶。

我们回过头来看看Case B中那个纠结着的青年，如果他的父母能够正直做人，并引领他健康成长，长大后的他就不会面临如此困惑。正是父母当初的不当教育，才把他引向了泥潭。所以，为人父母者首先应当具备正直的品格，以此给孩子传递正能量，使孩子树立正确的道德观。以德正身，路正久远。

海瑞离我们越来越远，但正直却始终与我们相随。

也许你只是一介农夫，或是一个干苦力的工人，也可能是一个普通的白领，我们不一定成为英雄，也不一定成为伟人；我们的理想也许不够宏大，我们也许不会成为道德楷模，但是作为地球上最智慧的生命，我们必须具有纯正的品格、正直的行为，不然就不以为人。

人类进化最重要的标志是直立行走。**在今天，人类直立行走的不仅仅是躯体，还有心灵，正直就是心灵直立的重要标志。**正直如芳香的玫瑰，沁人心脾，浸润心灵。揣着"正直"上路，洒下一路花香，收获充盈与快乐。

第一篇　身教法——父母做对了，孩子才优秀

第2法　持之以恒——好习惯成就好未来

释义：晚清思想家曾国藩在《家训喻纪泽》中写道："若能从此三事上下一番苦功，进之以猛，持之以恒，不过一二年，自尔精进而不觉。"这里的"持之以恒"，就是指做什么事都要长久地坚持下去。

法旨：本法旨在让家长知道养成良好习惯对孩子成长的重要性，以及家长自身的好习惯如何对孩子形成积极的影响。因为幼时好习惯的养成，可以大大促进孩子未来的发展。

亲子关注 >>>

没有哪个父母希望自己的孩子养成不良习惯，但是生活中，我们却经常见到一些父母由于疼爱孩子，剥夺了孩子做家务等力所能及的事务的权利；也有些父母奉行两套准则，一套针对孩子，另一套针对自己，比如要求孩子刻苦学习，而自己却又扑在麻将桌上。这样下去，结果可想而知。那么，父母如何做，才能使孩子养成好习惯呢？

案例聚焦 >>>

Case A ——

说起持之以恒，很多人都会想到一个经典的故事——"只要功夫深，铁杵磨成针"，这句话的意思是说只要有决心，肯下功夫，多么难的事也能做成功。

唐朝诗人李白小的时候很贪玩，不爱学习。为了让他成才，他的父亲把他送到学堂去读书，可是，那些经史、诸子百家的书晦涩难懂，他更加不愿意学习了，有时候还偷偷地跑出去玩。

一天，李白没有上学，跑到一条小河边去玩。忽然，他看见一位白发苍苍的老婆婆，蹲在小河边的一块磨石旁，一下一下地磨一根铁棍。李白好奇地问道："老婆婆，您在干什么？""我在磨针。"老婆婆一边磨一边回答。

"磨针？用这么粗的铁棍磨成细细的绣花针，这得到什么时候才能磨成啊？"李白脱口而出。老婆婆停下手，抬起头来亲切地对李白说："孩子，铁棒虽粗，可挡不住我天天磨，滴水能穿石，难道铁棒就不能磨成针吗？"

李白听了老婆婆的话恍然大悟，并深受感动，心想："是呀，做事只要有恒心，不怕困难，每天坚持不懈，什么事都能做好。读书不也是一样吗？"就这样，李白转身跑回学堂。从此以后，他刻苦读书，终于成为一个大诗人。

Case B ——

一个做教师的妈妈讲述了一个培养孩子习惯的故事：

"好习惯都是在小事中养成的，我很重视培养孩子生活中的一些习惯。我要求儿子每天早晨自己叠被子，起初他不愿意，我就告诉他自己的被子必须自己叠，否则不叫他出门玩。无奈之中，他只好去叠被子，叠完后，我表扬他叠得很不错。他听了很高兴,再也没有先前的不情愿,而是十分开心。在我的督促和引导下,现在孩子的被子都是自己叠的,而且叠得相当整齐。这样孩子就渐渐养成了优于一般同龄人的良好生活习惯。

"除了生活习惯,良好学习习惯的养成对孩子的成长和发展也十分重要。我的儿子刚上小学时,放学回家一进屋把书包一扔,就去看电视或下楼玩耍,根本没有做作业的概念。起初我天天打电话告诉他都有什么作业,回到家后提醒他第二天上学一定要记清楚老师布置的作业,实在记不清就拿小本写下来。

"过一段时间后,我就问他当天的作业,起初他还是没上心,后来我天天问,时间一长,他知道我每天都会问他这个问题,久而久之也就知道记住老师布置的作业了。回到家他也就不用再问我,自己就主动地把作业拿出来做,就这样渐渐地养成了爱学习的好习惯。正是这样长时间的坚持,对孩子良好习惯的养成起到了积极的作用。"

东子热线 >>>

习惯是一种长期形成的思维方式和处世态度,它是通过不断重复的思想和行为而逐渐形成的。习惯具有很强的惯性,像转动的车轮一样,一旦上轨即按其滑行。习惯对人极为重要,它伴随着我们的一生,影响我们的生活方式和个人成长的道路。

习惯有好习惯和坏习惯之分。好习惯犹如存在银行里的钱,利息不断增长,你就可以享用它的利息;而坏习惯好似无法偿清的高利贷,这种债务能以不断增长的利息折磨人,最终使你到达破产的地步。

从根本上说,任何一个好习惯的培养都不会是轻而易举的。无论是李白学习习惯的养成,还是小男孩生活习惯的养成,都需要一个过程,有时甚至是一个漫长的过程,这就需要我们有一种铁杵磨成针的持之以恒的精神。**父母一定要引导孩子循序渐进,由浅入深,由近及远,先从培养一个**

比较容易做到的，而且能不断受到自己和周围人激励的习惯开始，这样孩子很快就能尝到甜头，容易从心理上接受。

女儿依依4岁以后，我们就让她独自在小床上睡。刚开始，孩子自然十分不情愿，为此还哭过、闹过。我们安慰她道："孩子长大了，都要自己睡的。"最终，依依无奈地接受了。

第一天晚上，她妈妈哄着她入睡，可她妈妈刚起身回到大床上，依依就紧跟着爬到大床上去，可怜巴巴地说："别不要我，我要跟爸爸妈妈睡在一起！"面对孩子的哀求，我们没有妥协，而是进行了一番思想工作后，再次把孩子抱到小床上。反复几次，孩子可能是折腾得太累了，还没等我说完，她就酣然入梦了……

一年以后，我们又让依依独自在自己房间里睡觉。起初孩子很不情愿，当晚她妈妈陪了她很久，我又给她讲了两个故事，孩子才渐渐睡着了。睡到半夜，依依要上厕所，可睁眼一看，爸爸妈妈都不在身边，于是拼命地喊我们。我们迅速跑来，带孩子去了卫生间，回来后，依依说什么也不让她妈妈走开，她妈妈只好和她挤在一张床上，陪着孩子睡到天明。后来的几天里，我和她妈妈轮流陪伴女儿入眠，待依依睡好后，我们再回到自己的房间休息。

这样坚持了一个月之后，女儿对我们说："从今天起，我要自己睡了，不用你们陪了，因为我长大了。"依依后来写道："此后每天睡觉前，我都把脱下来的衣服整齐地叠好，按顺序摆放在枕头边，然后舒服地钻进被窝，很快进入梦乡。我发现一个人睡觉也很幸福，睡得也很香甜。"

女儿独自睡觉习惯的养成，为她后来上中学后能尽快适应住校的生活，起到了良好的作用。很多孩子住校很长时间后都不适应，有的甚至只能退寝通勤，而依依却很快适应了住校生活，这也为她的学习生活奠定了基础。

在习惯养成方面，父母的表率作用对孩子的成长有着特殊的意义，家长期望孩子成为什么样的人，自己首先应该是什么样的人。

正衣先正冠，正人先正己。

要使孩子养成良好的学习习惯，父母首先要有好的学习习惯，以自己的行动影响孩子。不要因为有家有业就不再努力了，作为家长要树立终身学习的观念，这是时代发展的要求，也是教育孩子之必需。父母的学习习惯与求知意识，必然在孩子心目中打下深深的烙印。这样，孩子长时间地耳濡目染，父母再适当配以言辞，孩子就会自然地养成良好的学习习惯。

孟子言："行有不得者，皆反求诸己，其身正而天下归之。"已身为人父、人母的你我，不要只想着对孩子的坏习惯一味地指责，更多的时候，我们需要的是"反求诸己"。

孩子最善于模仿，父母则是他们模仿的首要对象。所以，父母应当注意自己日常生活中的每一句话、每一个行动。父母勤劳俭朴，家务事安排得井井有条，孩子也会勤于家务、一丝不苟；而父母整天沉迷于麻将或者网络游戏的话，孩子内心也会倾向于这些娱乐活动。想想看，当孩子拿着作业本请你签字的时候，你一手摸着麻将，一手拿笔在他的作业本上胡乱画一下，你的孩子会怎样想，又会怎样做呢？

"没有规矩，不成方圆。"儿童阶段是养成良好习惯的重要时期，一个人如果在儿童阶段养成良好的饮食、睡眠、学习、卫生等习惯，将会终生受益。反之，如果养成一些坏习惯，以后要改正就很困难，积习难改说的就是这个道理。

坏习惯并不可怕，在孩子的成长中，坏习惯自然不会少，因为他们还没有形成正确的是非观，这就要靠家长来告诉他们。但是父母只单纯片面地告诉孩子"不对""不许这样"还远远不够，而必须还要身体力行，用孩子看得着的自身好习惯去影响他们。

不经历风雨，怎能见彩虹？培养好习惯也是一样的，我们必须有持之以恒的精神和一种不屈的意志力，好习惯才会与我们相伴。

以小积大、以少积多、日积月累，习惯成自然，播下好习惯，就会收获好未来。所以说，"好习惯"是家长送给孩子最好的礼物。

第3法　志在必得——自信让你所向披靡

释义："志"是志向、愿望；"必"是必须、一定；"得"是得到。"志在必得"是指立志要得到某个东西或完成某种愿望，只要有信心一定能达到目的。

法旨：本法旨在让家长知道自信心对孩子成长的重要性，以及家长如何通过自信心态影响孩子的成长。因为自信是心理健康的重要标志，孩子拥有自信可使其所向披靡，无往不胜。

亲子关注 >>>

孩子是父母的脸面，倘若自己的孩子比同事的、朋友的、邻居的孩子强，父母会觉得有脸面，腰板挺得倍儿直；可是如果自己的孩子比别人的孩子少考了几分、少背了一首诗，父母就会觉得脸面无光，于是父母不时说出"你是怎么搞的？瞧人家王阿姨家的孩子""看看你们班的××"之类的话语，这话令孩子很受伤，结果往往背道而驰。那么，父母应该如何做，才能培养孩子的自信心呢？

案例聚焦 >>>

Case A ——

浩瀚的沙漠中，一支探险队在艰难地跋涉着。头顶似火骄阳，探险队员口干舌燥，更糟糕的是，他们没有水了。水就是他们赖以生存的信念，信念破灭了，队员们一个个像散了架，不约而同地将目光投向队长。

队长从腰间取出水壶，两手举起来用力晃了晃，惊喜地喊道："哦，我这里还有一壶水！但穿越沙漠前，谁也不能喝。"沉甸甸的水壶依次在队员们手中传递着，队员们原先那濒临绝望的脸上又显露出坚定的神色。

一定要走出沙漠的信念支撑着他们一步一步地踉跄着向前挪动。终于，他们走出了茫茫大漠。大家喜极而泣，久久凝望着那个支撑了他们信念的水壶。这时，队长小心翼翼地拧开壶盖，缓缓流出的却是缕缕沙子，他诚挚地说："只要心里有坚定的信念，有信心战胜困难，我们就一定能取得胜利，干燥的沙子有时也可以变成清冽的泉水。"

Case B ——

这是一个孩子给东子的来信：

我是一个15岁的女孩，本应是处于拥有满腔热情向着梦想奋斗的年纪，可是我却不确定自己的理想是什么，将来能做什么，所以，妈妈总说我是个悲观的孩子。

小时候，大人们总是会问我："你长大后想干什么？"那时候我还小，经常听到大人们说我伶牙俐齿，长大后可以去当律师，于是我便总是回答："当律师！"大家边笑边夸赞我有出息，说我适合当律师，真有理想。

那个时候，我爸爸妈妈还会不时地夸夸我，可是在这之后总是会加上几句像"那你可得好好读书啊""好的法律专业不是那么好考的呀"这样的话，"嗯！"我便开心地答应着。随着自己慢慢地长大，我也开始有了些许的担忧。

跨进初中的校门后，刚开始我依然过着像从前那般几乎无忧无虑的学习生活，每天学校家里两边跑，时而也出去玩玩。可现在已经上初三的我，看着这糟糕的成绩，不仅没有心情玩，而且越来越自卑。再加上爸爸妈妈不时地唠叨："还当律师呢，我看你连大学都考不上。"我越发感觉自己太笨，没有前途，想混个初中毕业就不念了，可又有些不甘心……

东子热线 >>>

在我们这个文明古国里，为人行事低调是谦虚，张扬个性被视为骄傲自满。这样在一定程度上，"谦虚"就成了"谦卑"，甚至是"虚伪"的代名词。

从小到大，无数人告诉过我们要爱国家、爱人民、爱父母，却很少有人告诉我们要爱自己、要自信。当我们为自己喝彩的时候，一连串的攻击就会蜂拥而至——"孤芳自赏""自我标榜""自吹自擂"，所以，学习好的人和工作业绩突出的人只是告诉别人"一般""还行"，而真正一般的人，则会说"我不行""我差多了"……

我们为什么要违心地说假话？为什么不敢为自己喝彩？为什么不能欣赏自己？怎么就不能相信自己呢？

说得好听点是谦虚，实际上，这也是一种不自信的表现，也就是自卑心理在作祟。自卑是一种心理状态，也是一种性格缺陷，无论是成年人还是孩子，都会在某种情境下产生自卑心理。对于孩子来说，自卑这种心理现象不仅会给他们带来一时的负面影响，还可能会影响他们的一生。比如，Case B 中的这个女孩，就明显有些自卑，如果不能及时走出来，势必会影响她未来的生活。

作为家长，要时时注意孩子的心理变化，自卑心理一旦形成，要及时给予疏导，引导他走出阴影，而不是雪上加霜地去指责。否则，孩子在潜意识里就会觉得自己不如别人，从而形成一种心理障碍。

古往今来的成功者，都具有一个共同特点——自信。

1626年，清太祖努尔哈赤亲率10万满兵，声势浩大，锐不可当，进犯明朝，志在必得。明朝宁远城只有1万守军，虽以一对十，但宁远守将袁崇焕身先士卒，奋勇抗敌，击退满兵3次大规模的进攻。明军的奋勇抵抗，力挫骄横的满兵。袁崇焕乘满军气馁之时，开城反攻，追杀数十里，击伤努尔哈赤，满军惨败。

后来，努尔哈赤的儿子皇太极继位，经过几年的准备，满怀信心地再攻宁远。为避开袁崇焕守地，他率兵由内蒙越长城，攻山海关的后方，气势汹汹，长驱而入。袁崇焕闻报，立即率部入京，比满兵早3天抵达京城外，作好迎敌准备。满兵刚到，即遭迎头痛击。

皇太极为了除掉袁崇焕，绞尽脑汁定下借刀杀人之计，借崇祯皇帝之刀，除掉心腹之患，从此再也没有遇到袁崇焕这样的劲敌，于是一路所向披靡，由此奠定了大清基业。

这就是自信的魅力，如果因为先皇被打败，皇太极不敢再去进犯明朝，而是优哉游哉地做东北王倒也安然，但志存高远的一代君主是不会静安一隅的，他要施展抱负，要拓展宏图大业，这样的志向没有一种志在必得的信心是不可能成功的。

有自信心的人，既不自卑，也不自负，而是能正确地认识自己。在恰当地评价自己的知识、能力、品德、性格等内在因素的前提下，相信自己有可取之处，相信自己能弥补存在的不足，能够看到自己还有很大的潜力可挖掘。

"自信是成功的第一秘诀"是美国作家爱默生的一句名言。生活告诉我们：一个连自己都不相信的人，终将一事无成。东子年少时就以此激励自己，可以说，一个十几岁的农村辍学少年就是揣着这样的自信一路走来的。

自信其实就是一种积极的心态，是一种美好的信念，是面对人生不同阶段挑战的勇气。Case A 中的探险队员就是凭着这样的信念走出沙漠，获取成功的。所以，只有相信自己、尊重自己，才会积极进取，才会勇往直前。

自信，是一种对自己的素质、能力作积极评价的稳定的心理状态，即相信自己有能力实现自己既定目标的心理倾向。自信是建立在对自己正确认知的基础上，对自己实力的正确估计和积极肯定。

如法国作家拉劳士福古所言："我们对自己抱有的信心，将使别人对我们萌生信心的绿芽。"

作为家长，我们要孩子自信，首先要对自己充满自信，试想孩子面对一个整天垂头丧气、不停抱怨的家长，他的自信又从何而来呢？

孩子的自信，主要表现在学习、精神状态、社交、能力等方面。比如相信自己能学好，知道自己该怎么学好，并能认真去做；有良好的精神状态，能够乐观面对人生，即使遇到困难和阻力也不轻易改变或者放弃自己的信念；相信自己的社交能力，能够和多数人融洽地相处，轻松自如地交往；对自己的能力充满信心，相信自己只要努力，就能处理好一切事情。

孩子不是完人，有优点的同时，也会有缺点。孩子之间是有差异的，所以不要拿他跟别人比，而是要跟他自己比，只要是比以前进步了，父母就要及时赞赏。这正是很多父母没有意识到或没有真正做到的。Case B 中女孩的家长如果不是否定孩子，而是给予孩子适当的肯定，让她既看到自己的不足，又能找到自己的长处，积极维护孩子的自尊，这样她就会丢掉自卑，重拾自信。

孩子的自信主要来源于家长，一是家长自身要充满自信，二是家长对孩子要多肯定、勤鼓励。当然，孩子自身的心态也很重要，主观上要积极进取、乐观向上，客观上要勤学多思。即便我们现在不是很出色，但是只要相信自己，通过自己的努力，有志在必得的信心，就可以成为最棒的自己！

第4法　言而有信——诚信做人天宽地广

释义：在《论语·学而》第七章中，孔子的学生子夏说道："事君，能致其身；与朋友交，言而有信。虽曰未学，吾必谓之学矣。""言而有信"是指说话办事靠得住，为人做事有信用。

法旨：本法旨在让家长知道诚实守信对孩子成长的重要性，以及家长如何通过自身的诚信行为影响孩子的成长。因为言而有信是做人的基本道德，诚信做人可使孩子在未来飞得更高，走得更远。

亲子关注 >>>

在应试教育思想影响下，家长们对智育的重视程度远远超过了诚信教育。尤其现在社会上到处充斥着诚信缺失，如不讲真话、不守信用、弄虚作假等。于是乎，孩子们不好好学习，才是家长最棘手的问题，而孩子是否诚信好像变得无所谓了，"学习至上，成绩至上"似乎也成了孩子们的唯一目标……那么，在家庭教育中，父母是否应该继续进行诚信教育呢？父母又该如何做，才能科学地实施诚信教育呢？

案例聚焦 >>>

Case A ——

说起言而有信，思想家曾子杀猪教子的故事已经流传了几千年。

一个晴朗的早晨，曾子的妻子梳洗完毕，换上一身干净整洁的蓝布新衣，准备去集市买一些东西。她出了家门没走多远，儿子就哭喊着撵了上来，吵着闹着要跟着去。孩子年龄还小，集市离家又远，带着他很不方便，因此她对儿子说："你回去在家等着，我买了东西一会儿就回来，回来以后杀了猪给你做猪肉吃。"这话倒也灵验，她儿子一听，立即安静下来，乖乖地望着妈妈一个人远去。

曾子的妻子从集市回来时，还没跨进家门就听见院子里传来捉猪的声音。她进门一看，原来是曾子正准备杀猪给儿子做好吃的呢。她急忙上前拦住，说道："家里只养了这几头猪，都是逢年过节时才杀的，你怎么能拿我哄孩子的话当真呢？"

曾子说："在小孩面前是不能撒谎的。他年幼无知，经常从父母那里学习知识，听取教诲。如果我们现在说一些欺骗他的话，等于在教他今后去欺骗别人。虽然做母亲的一时能哄得过孩子，但是过后他知道受了骗，就不会再相信你说的话，这样一来，你就很难再教育好自己的孩子了。"

妻子觉得丈夫的话很有道理，于是心悦诚服地帮助曾子杀猪去毛、剔骨切肉。没过多久，曾子的妻子就为儿子做好了一顿丰盛的晚餐。

Case B ——

18世纪英国有一位有钱的绅士，一天深夜，他走在回家的路上，被一个衣衫褴褛的小男孩儿拦住了。"先生，请您买一包火柴吧。"小男孩儿说道。"我不买。"绅士回答说，同时躲开男孩儿继续走。"先生，请您买一包吧，我今天还什么东西也没有吃呢。"小男孩儿追上来说道。绅士看到躲不开男孩儿，便说："可是我没有零钱呀。""先生，您先拿上火柴，我去给您换零钱。"说完，男孩儿拿着绅士给的一英镑快步跑了，绅士等了很久，男孩儿仍然没有回来，绅士只好无奈地回家了。

第二天，绅士正在自己的办公室工作，仆人说来了一个男孩儿要求面见绅士。于是男孩儿被叫了进来，这个男孩儿比卖火柴的男孩儿矮了一些，穿得更破烂些。"先生，对不起了，我哥哥让我给您把零钱送来了。""你的哥哥呢？"绅士问道。"我的哥哥换完零钱回来，在找您的路上被马车撞伤了，现在在家躺着呢。"绅士被小男孩儿的诚信深深地感动。

"走！我们去看你的哥哥！"绅士去了男孩儿的家一看，家里只有两个男孩儿的继母在照顾受伤的男孩儿。一见绅士，男孩儿连忙说："对不起，我没有按时把零钱给您送回去，失信了！"绅士被男孩儿的诚信深深打动了。当他了解到两个男孩儿的亲生父母都已双亡时，毅然决定把他们生活所需要的一切都承担下来。

东子热线 >>>

子曰："古者言之不出，耻躬之不逮也。"这句话的意思是说，古代人不轻易把话说出口，因为他们以自己做不到为可耻。在现实生活中，我们也应该像古人一样，说话以前要经过头脑思考，不能想什么就说什么，而且说出来的话也应该是能做到的，如果做不到，就别轻易乱说。

在这方面先哲曾子为我们树立了榜样，他用言行告诉人们，哪怕面对的是孩子，也应言而有信、诚实无诈，因为身教重于言教。现在，我们做父母的更应该像曾子夫妇那样给孩子树立诚信的榜样，用自己的行动去影响孩子。

早在女儿依依5岁时的一天傍晚，我正忙着写作，依依来到我身边说想去动物园，我随口答应道："好啊，等周日爸爸带你去。"听到我的肯定答复，依依蹦蹦跳跳地回房间去了。到了周日那天早上，依依早早地就起了床。吃过早饭后，她见我依然忙碌着，就问我："爸爸，我们什么时候走啊？""啊，干啥去？""去动物园啊！"听了这话，我猛然想起上周对女儿许下的诺言，我像做错了事的孩子一样向她道了歉，然后推掉了上午的工作，带她去了动物园。

其实，我原本并没有打算带女儿去动物园，之所以说周日带她去只是一个托词和缓兵之计，由此将其打发了事。我心想小孩子记不住事，很快就会忘掉这个承诺，没想到女儿竟牢牢记住了我说的话，一直都在等待我兑现诺言。**女儿给我上了一课：不仅成人间的交往要注重言而有信，成人对孩子也要一言九鼎，不能食言。**

一个小学四年级的孩子在一篇作文中写道："期中考试数学考了100分，爸爸答应送给我一辆自行车，结果因资金紧张而'流产'。还有一次期末考试，我考进了班级前5名，妈妈答应带我去吃肯德基，结果又没有兑现。"孩子无奈地发出这样的感慨："爸爸妈妈，你们总教育我别说谎，可你们为什么总不兑现自己的诺言呢？"

仔细想想，孩子的话是有一定道理的。现在很多家长为了让孩子好好学习，经常向孩子作出一些承诺。这在一定程度上也确实奏效，但家长往往在达到目的的时候，把自己的承诺忘得一干二净。也许家长只是顺嘴说说，但孩子是认真的，不兑现诺言的结果是教会孩子不诚信，使孩子学会答应别人的事情可以不兑现的不良做法。

说话算话的家长，才能赢得孩子的信任，然而，调查发现，说到做到的家长却并不常见，很多家长的承诺往往变成了"空头支票"。究其原因大致有三点：一是家长只是顺嘴说着玩，完全没当回事；二是家长觉得小孩子记不住那些事，早就忘了自己的承诺；三是因为有些家长确实很忙，抽不出时间陪孩子，或者因为钱的缘故没有能力实现自己的诺言。当初曾

家教兵法

子的妻子和东子也是出现了这种情况，幸好我们及时改正，并弥补了不足。

其实，作为家长，首先要尊重孩子。孩子虽小，但他也有自己的思想，能明辨基本的是非，并且他们对父母承诺过的事情，常是个有心的"收藏家"。家长要把孩子当成自己的朋友一样尊重，"言必信，行必果"，答应孩子的事就要做到，如果兑现不了，就应及时给孩子解释，向孩子道歉，让孩子有一种被人尊重的感觉，使他幼小的心灵不受伤害。

家长作为孩子的第一任老师，也是孩子效仿的主要对象，家长言而有信是在孩子心目中确立形象的重要因素。若父母总是欺骗孩子，久而久之会让孩子失去对家长的信任，双方没有了信任，又怎么谈得上教育的有效性呢？

家长在给孩子承诺的时候，必须做到言而有信，说了便要做到。如果明知做不到或实现不了，就不应该向孩子轻易许诺。父母言行一致的品质，不但能取信于孩子，而且会潜移默化地影响孩子。

"人而无信，不知其可"。言而有信、说到做到是做人的基本原则。家庭生活的各个方面都包含着教育的因素，为人父母者，其言行举止、待人接物等方面，对孩子都有潜移默化的影响。这就要求家长言行一致、表里如一，在各个方面为孩子做出榜样，发挥示范作用，从而健全孩子的道德体系，逐步提高他们辨别是非、美丑、善恶的能力。

言而有信是立身之本，同样的原则也适用于教育孩子。"不要轻率作承诺，记住，当诺言没有兑现时，我会非常失望。"这是孩子们的心声。**家长要知道："狼来了"的故事能讲给孩子听，而不能做给孩子看。**

言而有信，会让你的孩子赢得更多的朋友，使他的天空更辽阔，道路更宽广。

第5法　责无旁贷——勇担责任无形之力

释义：清代满族文学家文康所著的《儿女英雄传》第十回中写道："讲到护送，除了自己一身之外，责堪旁贷者再无一人。""责无旁贷"是指自己的责任不能推卸给别人。

法旨：本法旨在让家长知道责任心对孩子成长的重要性，以及家长如何通过自己的责任心影响孩子的成长。因为责任心是为人做事的基本要求，人要勇于承担责任，才能使自己更有力量。

亲子关注 >>>

父母大都希望自己的孩子能有责任感，可是生活中一些父母或出于疼爱孩子，或为了不影响孩子学习，而包办了孩子的一切，却寄希望于孩子长大后自然就懂了；也有些父母教育孩子"事不关己，高高挂起"，这样

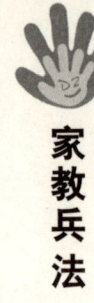

在孩子心中就会形成以自我为中心的思想，结果可想而知。那么，父母如何做，才能培养孩子的责任心呢？

案例聚焦 >>>

Case A ——

有这样一则故事：

某公司要裁员，公布的下岗名单上有内勤部的小芳和小燕。按规定，名单上的员工一个月后要离岗。看到自己榜上有名，她俩的眼圈都红红的。

第二天上班，小芳心里憋气，情绪仍然很激动，什么也干不下去，一会儿找同事哭诉，一会儿找主任申冤，什么订盒饭、传送文件、收发信件这些她应该干的活，全扔在一边，别人只好替她干。

而小燕呢，她也哭了一个晚上，可是难过归难过，她想到离走毕竟还有一个月呢，工作总不能不做，于是她默默地打开电脑，拉开键盘，继续打文稿、通知。同事们知道她要下岗，不好意思再找她打字了，她特地和大家打招呼，主动揽活。

她说："我要好好干完这个月，以后想给你们干都没机会了。"于是，同事们又像从前一样："小燕，把这个打出来，快点儿！""小燕，快把这个传出去！"小燕总是连声答应，手指飞快地敲击着，辛勤地复印着，随叫随到，坚守着她的岗位，坚守着她的职责。

一个月后，小芳如期下岗，而小燕的名字却被从裁员的名单上删除了，就这样小燕留了下来。主任当众宣布了老总的话："小燕的岗位谁也无法代替，像小燕这样的员工，公司永远也不会嫌多！"

Case B ——

接下来，让我们再看看下面的故事：

在一次海难事件中幸存的8个人挤在一艘救生艇上，在海上漂荡了很多天，仅留下了半瓶矿泉水。每个人都恶狠狠地盯着那半瓶矿泉水，都想立刻把它喝下去，船长不得不拿一杆长枪看守着这半瓶水。

坐在船长对面的是一名50岁的秃顶男人，他死死地盯着那半瓶救命水，随时准备扑上去喝掉。趁船长打盹的一瞬间，秃顶男人猛然扑上去，拿起水正要喝，这时被惊醒的船长用枪管抵着秃顶男人的脑门命令道："放下，否则我开枪了！"秃顶男人只好把水放下。船长把枪管搭在矿泉水的瓶盖上，盯着坐在对面的秃顶男人，而秃顶男人的眼睛仍不离开那决定众人命运的半瓶水，双方就这样对峙着。

后来船长实在顶不住了，昏了过去，可就在他昏过去的一瞬间，他把枪扔到了秃顶男人的手里，并且说了一句："你看着吧！"秃顶男人手里握着枪，突然感到自己变得伟大了。在接下来的4天里，原来一心想要自己喝掉那半瓶水的他尽心尽力地看着那剩下的半瓶水，每隔2个小时，往每个人嘴里滴2滴。到第四天他们获救时，那半瓶救命水的瓶底部分还剩下一点水。

东子热线 >>>

美国著名的西点军校自成立200多年来，培养了麦克阿瑟、巴顿和史迪威等4000多名将领，艾森豪威尔、格兰特、鲍威尔等近千名政界高官，为世界500强企业贡献了8000多位董事长和总经理……可以说，是这个军校的军规成就了以上这些人，而这条军规就是：决不推卸责任！

记得以前看过一部《背起爸爸上学》的电影，影片讲述的是一个真实的故事：石娃是一个山区农村孩子，从小失去了母亲，家境贫寒。爸爸用一把铜勺决定了石娃上学的命运，而姐姐则退了学，早早地嫁了出去，爸爸用收到的彩礼钱为石娃付学费。石娃的老师很欣赏这个聪明刻苦的孩子，多次为石娃垫付学费，这一切都促使石娃克服种种困难，刻苦学习。当他以优异的成绩考上省师范学校时，父亲却因中风而瘫卧于床上。坚强的石

娃谢绝了乡亲们的帮助，作出了惊人的抉择：背起父亲走出马莲河，进省城上学……

影片的情节虽然很简单，但是很多人看后都不禁潸然泪下，我也是感动者之一。我想我是被片中的父子情深所感动的，是被少年的坚韧执著所感动的，更是被少年那颗厚重闪亮的责任心所感动的。感动之余，我不禁想到，我们这些成年人是否具备了足够的责任心呢？

所谓责任心，是指个人对自己和他人、对家庭和集体、对国家和社会所担负的责任的一种认识、情感和信念，以及与之相应的自觉态度。责任心从本质上讲既要利己，又要利他人。人只有有了责任心，才能驱动自己勇往直前，才能感到有许许多多有意义的事需要自己去做，才能感受到自我存在的价值和意义，才能真正得到人们的信赖和尊重。

一个人如果没有责任心，会在很多方面出问题，比如工作上不会取得应有的业绩，经营中会损人利己，家庭不会幸福，还会常常惹人厌、讨人嫌。没有责任心，可能使人发生异化，导致人的个性片面甚至畸形发展，最后走向沉沦、颓废或者成为社会的异己力量，为自己赖以生存的社会所不容。

无论是前些年到大学为莘莘学子作演讲，还是近些年为家长做教子讲座，我都会讲到作为一个人要拥有社会责任感、历史使命感、民族自豪感，我希望用我的声音唤醒国人。让中华民族复兴，吾辈责无旁贷。

"我睡着时梦见生活是美人，我醒来时发现生活是责任。"这是胡适先生在多年前说过的一句话。

责任是分内应做的事情，责任心是每个公民必须具备的基本素质。无数实践证明：一个人只要有强烈的责任心，就会认真严谨地对待每一项工作，尽心竭力；一个家长只要有强烈的责任心，就会充满爱心，全心全意地担负起教育孩子的职责。一个人的态度决定了他在事业上有多大的成就，一个家长的责任心决定了他孩子的未来。

作为家长，我们同时担负着家庭角色和社会角色，也就是说，人既要具备工作责任感，也要具备家庭责任心。如今，有些人对工作不负责任，抱着"混"的思想，只要把一个月的工作"混"过去，工资拿到手就算了事；也有一些人对家庭不负责任，整天喝酒、赌博、网聊，上不赡养老人，下不养育儿女，自以为活得潇洒，其实是缺乏责任的行尸走肉而已。

我们常常感叹一些名人名言说得好，但是我们要知道，任何一个人的成功，都是建立在他坚定的信念和永恒的责任心的基础上的。即便是普通人，要想在工作中有成果，赢得他人的信赖，责任心也是必不可少的。

如果一个人处处以自我为中心，对周围的人和事漠不关心，那么他就缺乏基本的责任心；而一个责任心不强的人是得不到别人的关心的，也是无法与他人真诚合作的，更无法适应未来社会。一个人只有在主观上真正意识到"责任"二字的重要时，才会努力去培养自己的责任心。

Case A 中，虽然小芳如期离职了，可小燕却出乎意料地留下了。这是一个有关责任心是否能帮助人获得机会的鲜活事例。小燕的机会绝不是天上掉下来的，而是通过自己勤勉的付出赢得的，可以说是强烈的工作责任心给了小燕机会。

Case B 中的海难事件是一个非常好的有关责任心的故事，它说明了当一个人被委以重任时，他的心灵就会发生奇妙的变化，就会有自我价值感，就会感到责任的重要，就会变得自律，就会变得主动和积极！

所以，做父母的一定要让你的孩子负起责任，做个尽职尽责的、有担当的人。

做一个尽职尽责的人，不仅仅是对别人的负责，也是对自己的负责。可是，由于教育的缺失和社会大环境的影响，现在的孩子普遍缺乏应有的责任心和责任感。孩子们把大部分精力都投入学习文化课及上特长班上，很少有时间参加社会活动及家庭活动，他们对社会认知少，与真正的生活相脱节，所以才产生"事不关己，高高挂起"的个人主义思想。

基于对孩子的爱和期望，很多家长总是给孩子提供最优越的环境，总是舍不得让孩子做任何除学习之外的事情。**其实，对于孩子来讲，学习应**

是他的主要职责，这种学习包括对生活常识、劳动技能和文化知识的学习，承担必要的家务就是其中之一。营造整洁、温馨、舒适的家庭环境有助于我们的身心得到放松，但只有付出家务劳动才能创造好的环境，所以，学习做家务是孩子走入生活的第一步。让孩子承担必要的家务，是培养其责任心的最佳途径。

我们都知道家长的身教对孩子成长有很大的影响，无论家长处于社会的哪个层面，为社会多尽一份力，在工作中尽职尽责，在家庭中承担起养老教子的责任，都会对孩子产生良好的积极影响。

想要培养孩子的责任心，首先就要做有责任心的父母。在日常生活中、言谈处事里，父母不能推脱和逃避自己的责任。父母要把个人荣辱和民族兴衰都作为己任，在有意与无意中于孩子心里打下烙印，这对于把孩子培养成一个有责任心的人，将起着不可估量的作用。

除却自身的垂范作用外，家长还要有意识地培养孩子的责任心，比如在家里，让孩子承担必要的家务劳动，自己的事情自己做；在学校里，引导孩子除了完成学校规定的相关事宜，还能主动为同学和老师分忧，有集体荣誉感；在社会上，让孩子履行一个公民应尽的职责，能够助人为乐。

培养孩子的责任心，就是给予孩子一份力量。做一个有责任心的家长，你将会收获一个有责任心的孩子，有责任心的孩子必将赢得美好的未来。

第6法　业精于勤——积极进取勤勉奋进

释义："唐宋八大家"之一的唐朝文学家韩愈在《进学解》中写道："业精于勤，荒于嬉；行成于思，毁于随。""业精于勤"是指学业的精进在于勤奋，也指要想取得好的业绩，需要勤勉奋进。

法旨：本法旨在让家长知道进取心对孩子成长的重要性，以及家长如何通过自身的勤勉奋进影响孩子成长。家长应让孩子明白不经历风雨难得见彩虹，只有积极进取、勤勉付出，才能获得成功。

亲子关注 >>>

如今社会的物质富足导致了很多青少年怕苦怕累，再加上，父母如老母鸡一样，张开翅膀尽力呵护孩子，生怕他们受一丁点伤害，更别说让孩

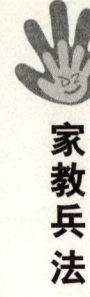

子经风历雨了。这样下去，孩子就会有严重的依赖性，总是贪图享受而不思进取。那么，父母应该如何做，才能培养孩子的进取心呢？

案例聚焦 >>>

Case A——

说起勤勉，很多人会想到凿壁偷光的故事，在这里，东子给大家讲一个囊萤映雪的勤勉奋进的故事：

晋代有个人叫车胤，他从小就好学不倦，但因家境贫困，父亲无法为他提供良好的学习环境。为了维持温饱，父亲没有多余的钱买灯油供他晚上读书，因此，他只能利用晚上的时间背诵诗文。一个夏天的晚上，他正在院子里背一篇文章，忽然看见许多萤火虫在低空中飞舞，一闪一闪的光点，在黑暗中显得有些耀眼。他想，如果把许多萤火虫集中在一起，不就成为一盏灯了吗？

于是，他去找了一只白绢口袋，随即抓了几十只萤火虫放在里面，再扎住袋口，把它吊起来当做灯用。虽然这灯不怎么明亮，但可勉强用来看书了。从此，只要有萤火虫，他就去抓一把来当做灯用。由于他勤学苦练，后来终于做了职位很高的官。

同朝代的孙康情况也是如此。由于没钱买灯油，他晚上不能看书，只能早早睡觉。他觉得让时间这样白白跑掉，非常可惜。一天半夜，他从睡梦中醒来，把头侧向窗户时，发现窗缝里透进一丝光亮。原来，那是大雪映出来的，孙康立刻想到可以利用它来看书。

于是，他倦意顿失，立即穿好衣服，取出书籍，来到屋外，宽阔的大地上映出的雪光比屋里要亮多了。孙康不顾寒冷，立即看起书来，手脚冻僵了，就起身跑一跑，同时搓搓手。此后，每逢有雪的晚上，他就不放过这个好机会，孜孜不倦地读书。这种苦学的精神促使他的学识突飞猛进，终于成为饱学之士。

Case B ——

有这样一个故事：

人们正要填一口枯井的时候，一头毛驴掉到了井里。尽管驴子哀怜地求救叫喊，可是井很深，那头驴子又很老，人们想尽办法也没能把驴子拉出来。无奈之下，人们只好决定埋了它。当第一铲泥土落在枯井中时，驴子叫得更响了，它显然明白了人们的意图。

可是，当第二铲泥土落到驴子背上的时候，它却出乎意料地安静了。人们发现，此后每一铲泥土落到它背上的时候，它都在做一件惊人的事情：它努力地抖落背上的泥土，把它们踩在脚下，让自己登高一点。人们不断地把泥土往枯井里倒，驴子也就不停地抖落并把它们踩在脚下，就这样随着泥土的抖落，驴子不断地登高，最后竟在人们惊奇的目光中潇潇洒洒地走出了枯井。

东子热线 >>>

"天行健，君子以自强不息。"自立自强历来是国人推崇的修身美德，也是国家和民族发展的思想根基。一个自立的人必定会发愤图强，有所作为；一个自强的民族必定会不断发展壮大，最终引领人类前行的脚步。可以说，时代需要这种生无所息的精神，个人也需要这种向上的力量。

然而，如今社会的物质富足导致了很多青少年怕苦怕累，不思进取。"太多的温暖让我形成了严重的依赖性，工作后也不能脚踏实地，总是贪图享受，不思进取。"一个刚刚走上工作岗位的大学毕业生如是说。

的确，常言道，"穷人的孩子早当家"。一个人小时候生活在祖辈创造的优越环境之中，难免会产生贪图享乐、不思进取的消极心态，最终一事无成；而生活在条件相对艰难的家庭中，就会亲自去搏击残酷无情的风暴，体味生活的艰辛，虽历经挫折和打击，但却会因此而历练出无坚不摧的力量。

前几天，东子通过中央电视台纪录频道了解了这样的一个特殊家庭，认识了一对狠心的父母和一对自强的姐弟。28分钟的片子，让东子一直眼含泪水……

主人公是重庆市梁平县柏家镇龙江村的姐弟俩，7岁的姐姐邓婷婷和5岁的弟弟邓继飞。这是一对苦命的孩子，在婷婷刚刚会走路的时候，弟弟才几个月大，他们的妈妈扔下他们姐弟俩一去便杳无音信。为了生活，他们的爸爸在弟弟不满3岁时就外出打工，那时婷婷才5岁，可她稚嫩的肩膀却顽强地撑起了整个家。婷婷光着脚板，先是将书本和简单的食物用绳子捆在弟弟的背上之后，她再背起弟弟上学，晚上回到那个只有一间屋的破旧的板壁房里，还要背着弟弟做饭……

没有父母的日子，他们学会了独立。

每天天不亮，婷婷就早早地起床生上火炉，顾不上做早饭就带上还未入学的弟弟，到离家5千米以外的村校上学。姐姐上课的时候，弟弟就在空荡荡的校园里游荡。姐姐期盼这一天的课程早些结束，弟弟盼望姐姐早些放学，好一起回到那个虽没有父母但可栖身的家。

每隔一段时间，姐弟俩都要把要洗的衣服抬到1.5千米外的池塘清洗，他们用稚嫩的小手轻搓着衣服。弟弟嫌姐姐洗得慢，姐姐说这样才能洗干净，就这样劳累了半天，他们才将拧得不是很干的衣服抬回来晾晒。

平时上学期间，小姐弟俩显得异常忙碌，一日三餐没有任何保障。只有在周末，稍有时间的姐姐才能给弟弟做好吃的，然而，由于家徒四壁，他们从来没有吃过鱼蛋肉和海鲜，只有米和柴才是他们的生命之源。没有任何人照顾，没有经济来源，姐弟俩只有靠好心人接济过活。

一天放学回家的路上，由于又饿又冷，弟弟在雨雪中哭闹，这让姐姐伤心和无奈。回家后姐姐拨通爸爸的电话诉苦，没想到却遭到爸爸的指责，爸爸认为是她没有带好弟弟。

春节快到了，姐弟俩期待着父母能回家一起过年。可大年三十了，妈妈杳无音信不说，爸爸也没有兑现回家的承诺。失望的弟弟哭闹着找姐姐要爸妈……除夕夜，电视里热闹非凡的春节联欢晚会勾起了姐弟俩对父母的思念。弟弟忍不住拨通了爸爸的电话给他拜年，并问他何时才能回家，得到的答案依旧是"过几天"。这个"过几天"，或许又将是一场漫长的等待……

有几个镜头让东子印象深刻：姐弟俩没有吃早饭，在下课时姐姐花5角钱买了一袋小食品，弟弟用牙咬开后，有几根洒落到地上，而后他迅速捡起来，幸福地放进嘴里；在学校吃午饭时，看到没有关闭的水龙头，弟弟随手就关掉了；在晾晒衣服时，弟弟下台阶，姐姐没有扶住，姐弟俩双双跌落；因爸爸没有兑现回家过年的承诺，弟弟打姐姐，并向她要爸爸，姐姐咬着牙倚在墙角独自垂泪……

即便缺爹少娘，没有父母之爱，纵然日子清苦，温饱尚忧，然而姐弟俩的心中却没有抱怨、指责和憎恨，我看到的是他们的乐观、坚强、自信和感恩。

古人云："生于忧患，死于安乐。"为什么优越的外界条件总是会令人走向衰亡呢？因为安逸环境能以不易被察觉的方式瓦解人的意志。我们成年人可能也有这样的感觉，太过安逸的生活有时会让人觉得莫名的空虚，人也会变得敏感而脆弱。

生命中有不能承受之轻，我们的孩子也是一样，太轻松优越的生活、太多的宠惯会让他们患上"软骨病"。自古英雄多磨难，他们需要社会的历练，需要风雨的吹打，才能变得更坚强、更勇敢。

荀子说过："不闻不若闻之，闻之不若见之，见之不若知之，知之不若行之，学至于行而止矣。"所以，人应该有理想，有抱负，积极进取，勇于搏击。理想和抱负是个体对未来美好前景的一种憧憬，是一个人前进的方向、奋斗的目标，也是一个人追求上进的不竭动力。古今中外，但凡对人类作出过重大贡献的人，都有远大的抱负，勤勉奋进，又富有进取心。

进取是一种意识，勤勉是一种表现形式，进取心表现在勤勉付出的过程当中，所以说业精于勤。家长要想在工作中取得成果，获得家庭幸福，就必须有进取精神，家长积极进取，孩子方能好学上进。

除却自身的积极影响，家长还要激励孩子积极进取，鼓励孩子不怕困难，并教育孩子在追求、进取的过程中要作好失败的准备。人生不可能总与成功相伴，逃避失败就意味着放弃成功，做任何事情，只要努力去做，不怕失败，就有成功的希望。

驴子成功地从枯井里走出来和邓家小姐弟的故事，教会了我们面对挫折时不能气馁，同时告诉我们保持积极进取的精神是何等重要。

如果把成功比作大厦，那么顽强的意志和坚韧不拔的毅力就是成功的柱石。对人而言，意志比天资聪明重要得多，通俗地讲就是情商重于智商。因为，一切事业的成功绝不是一帆风顺的，而要经历千辛万苦，克服重重困难才能实现。如古人所言的"宝剑锋从磨砺出，梅花香自苦寒来"说的就是这个道理，而对于孩子而言，没有意志力就会丧失进取精神。

无论是西汉的匡衡，还是晋代的车胤、孙康，他们勤学苦读的故事都告诉我们意志力和勤勉对获取成功的重要性。

做家长的应该明白，当我们教育孩子时，要先看看自己是否正在身体力行地实践着这些道理。孩子也在察言观色，他们会从我们身上学习如何应对生活。有的时候，孩子做作业做累了，抬起头来看到我们在玩牌、在喝酒、在闲聊，他的学习意志也会减弱；如果他看到的是父母仍在忙于工作上的事情，或为家庭而劳作，孩子也会珍惜自己的学习时间。

在我家里就是这样，我和妻子都是勤勉进取的人，我们从农村出来一路打拼，并在城里立足，从不敢有任何懈怠，每天除了忙于工作和在家里陪孩子玩耍之外，大部分时间都在读书看报。我们不抽烟，也不喝酒，更不在平日里聚集朋友打麻将，就连电视也是很有针对性地选择某些节目来看，所以家里大部分时间是安静的。每天晚上我们和依依一起读书，然后一起讨论。受我们的影响，孩子自小就喜欢阅读，勤于思考，爱学习。

可有些家长为了孩子，却丢掉了自己。为了更好地督促孩子的学习，他们辞去了工作，专门看护着孩子，结果孩子反而更加消极、懒惰，抛开其他因素不谈，家长丢掉了自己的工作，就是给孩子树立了一个没有进取

心的另类榜样。

　　人作为社会中的成员，其进取心可以从每天的工作中得到体现。心怀一颗进取之心，你才会积极认真地对待工作，工作态度往往会比工作本身更重要，因为态度决定成败。

　　家长不思进取，不努力工作，整天无所事事，自然会给孩子带来消极的心理暗示，这样就会在孩子心灵中播下懒惰的种子，使道德认知与道德行为出现背离。所以，家长只有积极进取，勤于工作，才会在赢得劳动成果的同时，收获一个勤勉进取的好孩子。

第二篇 言教法——如何说，孩子才会听

如今，很多家庭里都是独生子女，这样就出现了6个大人围着1个孩子转的情形。在这种情况下，家长对孩子犹如众星捧月，万事以孩子为先，他们往往爱心过剩，从孩子一出生开始，一味地娇惯、迁就孩子，不惜一切代价地为孩子付出。然而，这真的是为孩子好吗？

第7法　斟酌损益——不让孩子胡搅蛮缠

释义：诸葛亮在《出师表》中有言："至于斟酌损益，进尽忠言，则攸之、祎、允之任也。""斟酌损益"比喻做事要掌握分寸，讲道理。

法旨：本法旨在让家长知道培养孩子通晓事理的重要性，使孩子从小树立正确的是非观。家长要告诉孩子做事要把握分寸，遇事要讲道理，胡搅蛮缠是行不通的。

亲子关注 >>>

如今，很多家庭都是独生子女，家长往往爱心过剩，一味地娇惯、迁就孩子，使孩子稍有不如意就大发雷霆、高声哭叫、满地打滚。我们常能看到一些孩子，为了得到某个玩具或食物，或大吵大闹，或赖在地上不肯走，父母百般劝说却无济于事。那么，父母应该如何说，才能使孩子不任性、通晓事理呢？

案例聚焦 >>>

Case A ——

前几日有位家长在东子的博客上留言：

我的孩子有3岁8个月大了，吃饭时叫她几遍她都不来吃。我说："不来吃，晚上不让看《智慧树》啊。"她这才慢慢腾腾、极不情愿地走过来，看见饭，直接把碗往旁边一推，说："我要喝粥。"

"哪有粥啊？有什么吃什么！"我厉声说道。孩子一听，转身就走了，嘴里还嚷着："我要喝粥。"

"没有粥。现在不吃，等晚上饿了，绝对不给你任何东西吃。"孩子听我这么说，只好光着脚，又过来了。

"地多凉，快穿上鞋。"奶奶急忙到床底下找拖鞋。"不穿！我要站着吃。""站着吃可以，但是得穿鞋。"结果，她还是不穿。

"铛铛，听话！要不听话，就把你关到那间屋子里去。"奶奶也生气了。"要么上那屋站着去，要么坐下来吃饭，两个选择，你自己选吧。"我说。而后，她终于坐在凳子上了，却只生气地吃了一小口，便说："哼，我吃完了。"说完，她又跑到沙发上去玩了。

"我们马上吃完了啊，吃完收碗！"菜收走了，她跑过来说要吃豆腐。奶奶端来了一盘菜，里面有几个豆腐泡，说道："这菜里有豆腐，奶奶陪你吃。"女儿这才让奶奶给她夹菜，接着自己又吃了会儿，最后还是让奶奶喂了几口，才断断续续地吃完一顿饭。

Case B ——

5岁的娜娜在家里是个骄横公主。由于工作的关系，爸爸和妈妈大部分时间都把娜娜放在爷爷奶奶家。娜娜1岁多的时候，很淘气，爸爸对爷爷说:"不要什么事都依着她,别惯坏了。"爷爷听后很自信地说:"不用担心,孩子长到2岁就好了。"等到娜娜2岁了,依然淘气任性。妈妈对爷爷说:"这样下去可不行,该管管她了。"爷爷听后笑了笑,说:"孩子现在还不懂事呢,3岁就好了。"

没想到,孩子到3岁后越发的任性,爸爸对爷爷说:"不能再惯她了,这样,大了就不好管了。"爷爷听后很严肃地说:"你小的时候也是这样的,等长大了自然就懂事了。"如今孩子5岁了,已经变成了刁蛮公主,全家人都拿她没办法。爷爷对这个宝贝孙女,有时候也很头疼,就对儿子和儿媳说:"孩子这样,你们要管管啊。"娜娜的父母听后,哑口无言。

东子热线 >>>

现在每家只有一个孩子,他不仅得到来自父母的关爱,也得到来自爷爷奶奶、姥姥姥爷的宠爱。对孩子关爱、宽容本来无可厚非,但值得一提的是,宽容绝不是无原则的溺爱和迁就。家长在给孩子爱的同时,更要让孩子晓是非,知道什么是对,什么是错,提高他分辨是非的能力。

真正的教育者不仅传授真理,而且传授对待真理的态度。也就是说,我们教育孩子时,要泾渭分明,不能含糊,如果泾渭不分,孩子是很容易学坏的。家长如果经常用扬善避恶的传统美德去教育孩子,就会使孩子逐渐提高明辨是非、善恶的能力,使孩子成为道德高尚的人。

社会在发展,许多观念、习惯也在更新,然而,越来越多的孩子,不晓事理也不明是非,而且还胡搅蛮缠、不懂道理。**所以,作为家长,我们应该把正确的是非观念灌输给孩子,引导和启发孩子去思考和探究事物的对与错、好与坏、美与丑;让孩子知道什么是该做的,什么是不该做的;让孩子学会应该做的就努力去做,不应该做的则坚决不做。**只有这样,他们才能够成为明辨是非的好孩子,待他们长大成人以后,才会多一些科学和理性,少一点迷信和盲从,形成正确的是非观念和良好的行为习惯,最终成为一个有益于社会的人。

如今，许多家长爱心过剩，一味地娇惯孩子，迁就孩子，满足他的各种要求，使孩子养尊处优，一个个变成了唯我独尊的"少爷""公主"，稍有不如意就大发雷霆、高声哭叫、满地打滚，小小的孩子脾气却很大。所以，我们常能看到，一些孩子为了得到某种玩具或食物，在商场大吵大闹，或赖在地上不肯走，令父母尴尬不已，而又束手无策。

其实，在很大程度上，孩子的任性是家长惯出来的毛病。孩子小的时候，常常有不合理的要求，家长觉得孩子还小，还不懂事，就迁就他，几次下来，孩子形成了心理和行为定式。比如有的孩子偏食现象很严重，只吃自己喜欢的，别的一概不吃，家长怎么说也不行。这种任性的表现，就是家长以往的迁就导致的结果。

当孩子出现胡搅蛮缠的行为时，家长应适时制止，不要因为孩子哭闹而妥协，那样孩子会以为你拿他没办法而使任性愈演愈烈。随后，家长要给孩子讲明道理，让孩子慢慢了解自己的行为是不恰当的。家长切忌用"以暴制暴"或"一味忍让"的方式来应对孩子。

家长应要求孩子有一定的行为界限，要让他明白，什么事该做，什么事不该做，并引导孩子养成良好的习惯。对孩子超越行为界限的事，绝不能迁就，否则，只会娇惯坏孩子，助长他任性骄横的毛病，以后难以改正。

孩子最初表现出来的任性，是无意识表露自己想法和愿望的一种方式。如果家长能及时指出，并拒绝这样的无理要求，孩子就会慢慢明白什么是合理的要求，什么是不合理的要求；如果家长经常迁就孩子，孩子就会得寸进尺。

家长要让孩子明白，没有人喜欢胡搅蛮缠的孩子，并对孩子的这种行为进行必要的处罚。对此，家长一般应以冷处理为主，对他们的任性和撒泼不予理睬，这样，孩子在得不到大人的回应之后，就会改变自己的行为方式；也可适当减少或剥夺孩子一定的玩耍时间作为惩罚。也有不少家长故意冷落过孩子，特别是在孩子耍小性子的时候，只是一些家长很容易心软，往往浅尝辄止，所以很多时候胜利的仍是孩子。于是一次又一次，孩子重复地耍着小性子，提出各种要求：买玩具、买零食、买衣服……而每一次孩子都胜利而归，因此孩子越来越刁蛮，要什么就得给什么，不给就连哭带闹。

在孩子的教育问题上，家长之间要保持统一，千万不能一个要管教孩子，另一个又千方百计地护着孩子。即便家庭成员在如何处理孩子的行为上出现意见分歧，也要私下里协调，而不应该当着孩子的面表现出来，否则孩子就会觉得有靠山，有保护伞，继续其不良行为。像案例中孩子由老人带的，或家里有老人的，更应做好协调工作，因为老人总是心太软，大多数老人都在扮演着溺爱孩子的角色。老人要做好配角，协助孩子的父母教育好孩子，而不要越俎代庖、大包大揽、任意而为。

其实，孩子的本性是善良的，其可塑性极强，家长应帮助孩子，从小就建立正确的观念与行为习惯。不要误以为孩子年纪还小没什么关系，等长大后再教就行了。要知道，等到孩子养成不良习惯后，积重难返，再想亡羊补牢，有时却已来不及了。

明事理晓是非的孩子，更容易自律。因为这样的孩子，知道什么事情是应该做的，懂得自我约束和自我规范，这恰恰是自律的表现。所以，家长不仅要注意身教的力量，还要注意言传，培养孩子具备分辨是非的能力，让孩子自觉地规范自己的行为，使其成为明事理晓是非的好孩子。

培养一个有正确是非观的孩子，言传身教都不能忽视，家长不但要以身作则，还要时时刻刻督促孩子，让孩子耳濡目染，自然而然地形成正确的道德观，让孩子拥有责任感和道义感。

家庭成员之间，无论是孩子父母还是祖辈家长，大家都要以理服人。长辈不可以大压人，晚辈更不可因小耍横，相互之间都要讲道理，家长爱子要有度，孩子对家长更要尊重有加。对于孩子正确的行为、观念，家长要及时给予表扬，并适当奖励。当孩子以哭闹的形式想达到某种目的时，家长要学会理性地说"不"。

第8法　分清善恶——告诉孩子去恶近善

释义：佛学上有"顺理为善，违理为恶"，经论中说"其善恶之分际，在顺益与违损之差别"。"分清善恶"就是指认识好坏，知道是非。

法旨：本法旨在让家长知道培养孩子正确道德观的重要性，告诉孩子如何明辨是非，分清善恶，弘扬正能量，树立正确的道德观。

亲子关注 >>>

所谓"人善被人欺"，善良似乎是一个早就过了时的字眼。在有些家长看来，孩子从小不吃亏，才能更好地保护自己。于是有些家长给孩子灌输社会如何尔虞我诈、人与人之间如何勾心斗角等思想；也有些家长迷茫困惑……那么，父母是否应该继续对孩子进行善良教育？父母应该如何说，才能既保护孩子不受伤害，又使孩子顺利成长呢？

案例聚焦 >>>

Case A ——

有这样一个真实的故事：

有一位白领单身女子刚搬了家，她发现隔壁住了一户进城打工的农民，一个30多岁的寡妇领着一个六七岁的儿子。有一天晚上，他们居住的地方忽然停了电，那位女子只好自己点起了蜡烛。没一会儿，女子忽然听到有人敲门。

原来是隔壁邻居家的小孩子，只见他紧张地问："阿姨，请问你家有蜡烛吗？"女子心想："他们家竟穷到连蜡烛都没有吗？千万别借给他们，免得被他们缠上了！"

于是，她对孩子吼道："没有！"正当她准备关上门时，那个衣衫褴褛的小男孩舒展关爱的笑容说道："我就知道你家一定没有！"说完，他竟从怀里拿出两根蜡烛，说："妈妈和我说怕你一个人住，又没有蜡烛，所以让我带两根过来送给你。"

此刻，白领女子羞愧难当，感动得热泪盈眶，将那孩子紧紧地拥在怀里……

Case B ——

在火车上，发生了一个关于人性善恶的故事：

一个很漂亮的女列车员，盯着一个民工模样的中年人，大声说："查票！"中年人浑身上下一阵翻找都没找到，后来却发现车票竟然捏在手里。列车员看后，说："这是儿童票。"中年人憋红了脸，嗫嚅着说："儿童票跟残疾人票的票价不是一样的吗？"

列车员打量了中年人一番，问道："你是残疾人？""嗯！"中年人说。

"那你把残疾证给我看看。"中年人紧张起来,说:"我没有残疾证,买票的时候,售票员就向我要残疾证,我没办法才买的儿童票。"

列车员冷笑了一下,说:"没有残疾证,怎么能证明你是残疾人啊?"中年人没有做声,只是轻轻地将鞋子脱下,又将裤腿挽了起来——他只有半个脚掌。

列车员斜眼看了看,说:"我要看的是证件!是残联盖的钢印。"中年人解释说:"我没有当地户口,人家不给办理残疾证。"

列车长闻讯赶来,询问情况。中年人再一次向列车长说明,并让列车长看他的半个脚掌。列车长连看都没看,不耐烦地说:"我们只认证不认人!有残疾证就是残疾人,没有残疾证,你赶快补票吧!"中年人一下就蔫了,翻遍了全身的口袋只有几元钱,他带着哭腔对列车长说:"我实在是没钱,求您高抬贵手,放过我吧!"

列车长坚决地说:"那不行!"那个女列车员趁机对列车长说:"让他去车头铲煤吧,算作义务劳动。"列车长想了想,说:"好!"

坐在中年人对面的一个老同志看不惯了,他站起来盯着列车长说:"你是不是男人?"列车长不解地说:"这跟我是不是男人有什么关系啊?"

"你就告诉我,你是不是男人?""我当然是男人。"

"你用什么证明你是男人呢?把你的男人证拿出来给大家看看!"周围的人一下子笑了起来。列车长愣了愣说:"我一个大男人在这儿站着,难道还是假的不成?"

老同志摇了摇头说:"我和你们一样,只认证不认人,有男人证就是男人,没有男人证就不是男人。"列车长卡了壳,一时想不出用什么话来应对。那个女列车员站出来替列车长解围,她对老同志说:"我不是男人,你有什么话跟我说好了。"

老同志指着她的鼻子说:"你根本就不是人!"

中年人望着眼前的这一切,眼里噙满了泪水,不知道是委屈,是感激,还是仇恨……

东子热线 >>>

　　Case A 中，是什么让这个白领女孩如此自私？因为她心中装着的是冷漠的恶俗。又是什么让那对贫困母子无私助人？因为他们心中揣着一颗友善之心。

　　Case B 中，列车员怎会这般无人性？因为他们的灵魂肮脏，缺少良知。老同志何以仗义执言？因为他有一颗正直、善良的心。

　　这样的善行恶事，每天都在我们身边上演着……

　　在物欲横流的当下，有些人善恶不分，甚至做出禽兽不如的事情，几千年的人类文明就这样日渐垮塌。国人的道德滑坡已是不争的事实，一旦道德大厦倾倒，人类必将自食其果，迅速衰亡。

　　我们该做什么样的人是人人都需要思考的问题，让孩子成为怎样的人，又是每个为人父母者必须要面对的问题。

　　东子曾经在路上听到一位妈妈这样告诉自己的儿子："别人打你，你也打他，打不过就咬。咱们宁可赔钱，也不能吃亏。"于是，在我们周围也不难看到，部分家长在孩子受了一点委屈之后，立即气势汹汹地带着孩子向别人讨要说法，而且往往是在听了自己孩子的一面之词之后就马上采取行动。

　　这让东子想起了自己的童年。年幼时，我是一个非常调皮、爱打架的孩子。打架的结果不是胜就是败，如果遇到比我小的，我自然就会胜利，当我兴高采烈地回到家时，被打败的孩子常在家长的带领下哭哭啼啼地找上家门讨说法，母亲总是当着他们的面把我打一顿，让对方寻得平衡而归；如果遇到比我大的，自然是我被打败，当我哭哭啼啼地回到家时，也期望母亲带着我去那个大孩子的家讨要说法，可母亲非但不去，还总是把我再打一顿。我困惑不解，打了别人回来挨打，被别人打了怎么也要挨打呀？母亲总是一边给我擦眼泪，一边说："孩子，妈就是要告诉你，不要和别人打架，要对人和气……"

母亲说了很多，综合起来就是：人要善良，要与人为善。此后，我秉承着母亲的教导，无论在部队还是在地方，在家乡还是在异乡，都与人为善，由此赢得了一大帮子朋友。

可生活中，很多家长却往往会给孩子灌输社会如何尔虞我诈、人与人之间如何勾心斗角等思想。家长的本意应该是让孩子学会保护自己，不要轻易上当，可是，这种教育如把握不好尺度，在家长偏颇，甚至错误的引导下，孩子心中善良的成分就会越来越少。

在有些家长看来，从小不吃亏才能更好地保护自己。"人善被人欺"的思想，让他们不愿意对孩子进行善良教育。他们给了孩子漂亮的衣裳、美味的食物，但是却忘了给孩子善良。

善良似乎是一个早就过了时的字眼。在生存竞争中，在各种各样的人际关系中，利益原则似乎早已代替了道德原则，然而，人们还是喜欢善良、欢迎善良、向往善良。有善良才有幸福，有善良才能和平愉快地融洽相处。

有这么一句话："因为慈悲，所以懂得。"其实对于现代社会的人来说，拥有一颗平和而善良的心，并以此善待社会、善待他人并不是一件多么复杂和困难的事。给迷途者指条路，向落难者伸出一只手，用会心的笑祝贺友人的成功，用真诚的话鼓励失落的同事，等等，这种看似轻而易举的行动，其实并不只是一种朴素的善良，而是用善良浸润后的灵魂折射出来的光辉人格，是一种经过善良沐浴后而散发出来的平和心态。

我继承了父母给予我的善良，善良的血液也从我身上流淌到了女儿依依的身上。依依自小就特别善良，遇到流浪猫、流浪狗就想要收养，只是我从卫生和安全等方面考虑，从来不养宠物，她的收养要求也就没有被采纳。不过，我建议依依给这些"流浪儿"在小区的楼下安个家，安排妥当后，依依就会不时地去给它们送水送饭。有时，女儿还把特别脏的猫狗抱上楼，为其洗个澡、理理"发"，梳洗打扮一番后，再放回去。

依依11岁时的一天傍晚，下楼去买咸菜的她在楼下摁响了门铃，我问她怎么不上来（她下楼时自己带了钥匙）。她吞吞吐吐地说，捡到一只流浪小猫想带回家。她知道我不允许在家里养猫狗之类的宠物，所以要征求我的意见。我让她先上来再说，可她说她怀里正抱着那只小猫。于是，我告诉她，流浪猫、流浪狗有很多，我们根本收养不过来，她可以把小猫放在楼下，上楼拿些好吃的给猫吃。可依依说，这么晚了，怕它在外面过夜会被冻死，或被别的大猫欺负。孩子说到此，竟哭了起来："爸爸，让它在我们家住一宿吧。"我也只好先妥协："那你先把小猫带上来吧。"

一会儿，依依一手拿着咸菜，一手抱着那只脏兮兮的流浪小猫推开了家门，她妈妈见状赶紧把她和小猫带到了卫生间，开始为小猫洗澡。洗完澡的小猫虽然干净了，但是却冻得瑟瑟发抖，于是我们又全家齐动员为小猫取暖：她妈妈用吹头发的热风机吹，我用手捂，依依心急竟然点燃蜡烛来烤，险些把小猫给烧了。经过大家的共同努力，小猫像焕发了青春一样，我们又从冰箱里给它找了些吃的、喝的。水足饭饱之后，我和依依商量还是把小猫放回楼下，依依同意了。于是，我们一起带着纸板、废弃的小毯子、米饭和带着菜汤的盘子，在家门口的那棵大树下给这个流浪猫安了家。这样，依依才放心地与我上楼睡觉。善良的人首先要有爱心，依依就是这样一个充满爱心的善良孩子。

善与恶总是相生相伴。善与恶的概念恰好相反，善事，好事也。善体现在我们生活的每个层面，为国家民族利益抛头颅、洒热血是善；在别人危难之际帮一把是善；朋友的一句真诚的问候和祝福也是善。

说到善，让东子想到我们的中国式过马路。遵守交通法规是幼儿园的孩子都知道的事情，可我们很多成年人却少有遵守。按理说按交通信号灯行驶无关善恶，而是公民的基本道德。还有，在公共场所爱护公共财物，不随地吐痰，不乱扔果皮纸屑，到公园游玩时不攀摘花木、不践踏草坪，等等，这些也都是应遵守的基本道德。只是由于很少有人能够做到，相对小的恶行也就成了善举，随着恶行的增多，善举的含金量也在日渐降低。我真担心，不爱吃饭，顿顿要家长喂的孩子（指完全可以独自进食的孩子），有一天突然自己可以吃饭了也会成为一种善举。

雨果说:"善良的心就是太阳。"的确如此,没有一颗善良的心怎么会有美丽的太阳?没有这太阳,又拿什么照亮生活的蓝图?

我多次对依依讲:"古人所倡导的'日行一善'我们很难做到,但偶行一善却随时可为,尤其是一些看着不起眼的小善。"生活中"善小"之事太多了,比如公交车上给需要帮助的人让座,见面主动打招呼,随手关闭长明灯、长流水,扶起倾倒的物品,遇事礼让等。这些举手之劳的好事,看你是否能用心发现,主动去做。

"不积小流,无以成江海。"好事善举虽小,久积则成大爱。我们就是在生活中一些微不足道的小事上感染着孩子那颗稚嫩的心灵。家长应从孩子还小时就把爱和美的种子播撒在孩子心中,让她开花、结果。

孩子的未来成功与否,往往就取决于小时候那些并不起眼的生活细节。从细节上教育孩子,让孩子从小善做起,一步步达到人生的完美;从细节上教育孩子,让孩子能做到"勿以善小而不为";从细节上教育孩子,让孩子读懂人生的真谛,时时由爱而出发。

从小事做起,从身边做起,去恶近善会让我们的孩子更快乐、更幸福!

第9法　知书达礼——教育孩子有礼有节

释义：元朝无名氏所著《冯玉兰》中写道："只我这知书达礼当恭谨，怎肯着出乖露丑遭谈论？""知书达礼"是指有文化、懂礼貌，形容有教养。

法旨：本法旨在让家长知道培养孩子良好的道德修养的重要性，告诉孩子知道长幼尊卑，体谅父母，要懂礼节、有礼貌，使孩子成为既有良好文化素养，又有一定道德修养的人。

亲子关注 >>>

现在很多家庭都是独生子女，这样就出现6个大人围着1个孩子转的情形。在这种情形下，孩子很容易形成唯我独尊的思想，摇身一变成了"小皇帝""小公主"，不再尊重长辈，不再体谅父母……那么，父母应该如何说，才能培养孩子良好的道德修养，使孩子有礼有节呢？

案例聚焦 >>>

Case A ——

我以前的邻居是个五口之家,家中有一个6岁的女孩和她的父母及爷爷奶奶。

孩子长相甜美,聪明伶俐,全家人视其为掌上明珠,父母宠爱不说,爷爷奶奶也特别娇惯她。无论孩子的要求是否合理,家长都是有求必应,而且必须及时满足,稍有怠慢,孩子就会大发雷霆。

一天,孩子爷爷一脸愁容地和我讲起这个宝贝孙女。他自言都是自己和老伴把孩子给宠坏了,现在孩子只要不满足就大哭大闹,而且还大骂不止,直到向她妥协她才肯罢休,孩子变得越来越没礼貌了。

昨天让奶奶给她喂饭吃,刚开始时因为有些烫,孩子就说:"你这个老太婆,是要烫死我呀!"老伴心里不舒服就慢了些,结果又招致孩子的谩骂:"你想饿死我呀,你也太不中用了,以后不用你了,让爷爷来喂我。"过后,老伴抹着眼泪和他说:"这哪是孙子啊,这是活祖宗啊。"他把这事告诉儿子和媳妇后,孩子爸爸妈妈竟然指责爷爷奶奶没有尽心,说要自己带孩子。老两口感觉很伤心。

Case B ——

一个家长在给东子的来信中说:

"女儿今年5岁了,虽然很聪明,可就是没礼貌,这让我很苦恼。

"前段时间我表妹带着9岁的女儿来玩,住在我们家。女儿一见到她们就不高兴,我给她介绍说这是她的姨和姐姐,可她就是爱理不理。有时我和表妹说话声音大了一点,可能影响到她看电视,她就用手指着我表妹说:'你别住在我们家里。'她这么说,搞得我们很难堪,我严厉地说:'雯雯,我不喜欢听到你这样说话,姨是我们家的客人,是妈妈的姐妹,你这样说话是很没有礼貌的。'幸好,我表妹也是做妈妈的人,不计较小孩子说的话。

"过了几天,乡下的姨婆和另外两个姨也到我们家吃饭,小家伙不但不打招呼,还把小脑袋瓜昂得高高的,看都不看她们一眼,姨婆想跟她亲热一下,就走近坐在她身边,她不讲理地说姨婆臭,还不让姨婆坐在她旁边,搞得我背上直冒冷汗。

"还有一次,女儿在爷爷那边,小家伙说要吃凉面,我和她爸中午专门送过去,结果女儿正和邻居家的小姐姐发生了分歧,本来是榨菜,女儿硬说不是,因为小姐姐没同意她的错误观点,她就不让小姐姐吃她的凉面。见她这样不讲理,我就很生气地瞪了她一眼,然后安慰那个孩子说:'宝宝,阿姨喜欢你的,你吃你的凉面吧,我们不听她的话。'女儿一听,非常生气地说:'你又不是她的妈妈,你为什么帮别人的女儿说话,就不喜欢自己的女儿呢?'

"我说:'因为你不讲礼貌啊,小姐姐每次有什么好吃的东西都分给你吃,你还总在她家里吃饭呢。'她才不管这些呢,撅着嘴一直念叨着:'可是你是我的妈妈,又不是她的妈妈,我才是你的女儿……'"

东子热线 >>>

像案例中这两个孩子这样的情况在生活中随处可见,没有礼貌、目无尊长的孩子越来越多,一些家长认为这是小事,只要孩子开心,将来好好学习能够考取高分就行。且不说孩子将来是否能考取高分,即便真的考了高分,一个没有修养的书呆子也只能是一个垃圾。

在我国的传统文化中,很重视对孩子知书达礼、尊老爱幼的教育。孟子云:"老吾老,以及人之老;幼吾幼,以及人之幼。天下可运于掌。"尊老爱幼不仅是我们中华民族一直弘扬的传统美德,也是人类尊重自己的一种表现,因为人的一生就是从幼年走向老年的过程。幼儿没有生活能力,应该得到关爱;老人像燃尽的蜡烛,理应得到尊重。虽然长幼尊卑是封建礼教下的产物,但是直到今天它依然具有现实意义,是我们生存的德行之本。

提到长幼尊卑，我们首先想到的是流传了几千年的故事——孔融让梨。关于"孔融让梨"有两个小故事。一个是孔融在4岁时，将大梨让给了哥哥，因为他觉得："我年纪小，应该吃小梨，大梨该给哥哥。"另一个是母亲叫孔融把梨分给大家，于是他就按长幼次序来分，每个人都分到了自己应得的一份，唯独给自己的那一个是最小的。当时只有6岁的孔融，对"让梨"一事解释道："树有高低，人有老幼，尊老敬长，为人之道也！"

礼仪是人类在长期的共同生活和彼此交往中逐步形成的一种文化。礼仪是思想道德、文化涵养、交际能力的外在表现；对一个社会而言，礼仪是文明水平、道德风气和生活习惯的深入体现。不同国家有不同的文化体制，文化通过语言表现出来，文化的差异往往会导致语言不通或被曲解。比如在一些西方国家，家庭成员之间不分长幼尊卑，通常可互称姓名或昵称，孩子能够直接叫爸爸妈妈的名字。这在我们中国是不行的，必须要分明白辈分、长幼等关系，否则就会被认为不懂礼貌。

经常看韩国电视剧的家长，对韩国的礼仪一定不陌生。在韩国，无论是家庭还是社会，都十分注重礼仪，讲究长幼尊卑，陌生人见了面要先问问年龄，因为韩国人对年龄、辈分看得很重，长幼差别很大，年幼的必须要尊重年长的。

人无礼则不立，事无礼则不成，国无礼则不宁。一个缺少礼仪的社会往往是不成熟的社会，而一个礼仪尺度不统一，甚至互相抵触的社会，往往是一个不和谐的社会。礼仪，是全部社会文化的基本，是社会文明最直接、最全面的表达方式。

然而，在现代家庭中，一些孩子却把传统礼仪丢到了脑后，被尊崇了几千年的长幼尊卑也被颠覆，家里面被推到至高位置的不是老人，而是幼童，这种长幼不分、尊卑无序、不懂礼数的状况越来越普遍，这对孩子的健康成长是极其不利的。

中国是一个历史悠久的文明古国，被誉为"礼仪之邦"。传统民俗礼仪是华夏民族世世代代锤炼和传承的文化精髓，凝聚着中华民族的民族性格、民族精神，是祖先留给我们的宝贵文化遗产。然而随着现代社会的发展和外来文化的冲击，传统民俗礼仪已经日渐衰落，甚至被遗弃，没有长幼尊卑便是其中之一。

清初思想家、教育家颜元说："国尚礼则国昌，家尚礼则家大。"无论于一国而言，还是于一家来说，都终究离不开一个"礼"字。

不懂长幼尊卑就不会有孝心，拥有"百行孝为先"理念的华夏民族，孝是中华民族的传统美德，是尊长敬老的一种风俗。在家族中，长幼尊卑次序井然，孝敬双亲，尊长敬老也是家族的家规家法，不容破坏。平时节庆中，人们往往会祭祀先人；老人过生日时，子女会为他做寿，以表孝心；老人故去后，晚辈还会披麻戴孝，举哀追思。总之，孝是传统礼俗的重要内涵，彰显了一个人的责任和义务。

现在的孩子缺乏的就是孝心，生活中，因为与父母的意见不一致，或不爱听父母的话，而让父母闭嘴的孩子有很多。面对含辛茹苦的父母竟然说出"闭嘴"这样的话语，说轻了是不懂长幼尊卑，说重了是没教养、没孝心，那是品质的问题。更有甚者，一些孩子因为需求没有得到满足，竟然打骂自己的父母或爷爷奶奶，这样的孩子长大后不可能会有爱心、孝心。

在我生活的家庭里，是很注重礼节礼貌和长幼尊卑的。平时有好吃的东西要先给家中老人吃，见面要先向年长者、辈分高者问候致意，每逢过年都要按辈分和年龄去拜年，而且次序不乱。每年过年时，我们这辈的叔伯兄弟十几个，要相约去给老叔（父辈年龄最小的叔叔，现在这辈人只有他一人健在）拜年，首先是年过七旬的大哥先向老叔行礼拜年，而后其他兄弟依次，直到最后最小的弟弟行过礼，这年才算拜完。其实，算来总计也就十来分钟，但是它彰显的是一种礼数与孝道。随后，我们的侄辈、孙辈也会向我们行礼致意。

在我家，这种长幼尊卑的礼数不仅仅是在年节，平时谁家来了客人，也要邀请长辈到家中陪客，以示尊重。我们尊重老人，老人爱护幼小，欢乐和谐的家庭氛围就这样一直延续着。

在我的小家庭里，绝对不会出现孩子打骂老人，或对父母长辈不恭的事情。女儿受家庭礼教和父母身教的影响，自幼就知道长幼尊卑、尊老爱幼，她像一个快乐的小天使一样赢得长辈的喜爱，这种长幼尊卑延伸的家庭，孩子尊重长者、爱护幼小。在学校里，女儿尊重老师和比她大的学哥学姐，所以她与老师关系融洽，与同学关系和谐，良好的人际氛围为其增添了求学的快乐。

于城里生活的这些年，每隔一两个月都有亲戚来访，女儿依依这个小主人和我一样，不仅不排斥而且热情好客，虽然我的亲人80%来自乡下，都是一些质朴的农民，但是孩子从来都没有怠慢过谁。来了老人，她给端茶倒水；来了孩子，她就拿出最好的玩具和他们一起玩耍。这拨亲戚刚走，依依就盼着下一拨亲戚来："爸爸，咱家啥时候还来亲戚呀？"一听说有亲戚来，孩子高兴得直蹦："又来亲戚了，又来亲戚了！"她还总是要和我一起到车站接人。

所以，孩子是否有礼有节，能否懂得长幼尊卑，主要还是看家长的教育观，因为家长是孩子的一面镜子。

家长要与孩子同时学习传统文化，树立"品行第一、道德至上"的思想，不要娇惯、溺爱孩子。如果孩子表现出目无尊长和不怜幼小，要及时引导，这样孩子才会有高尚的道德修养。

第10法 申之孝悌——教孩子知爱念感恩

释义：《孟子·梁惠王上》中有："谨庠序之教，申之以孝悌之义。"孟子认为仁义比利益重要，孔子也非常重视孝悌，认为孝悌是做人、做学问的根本。"申之孝悌"就是告诉孩子要孝顺父母，敬爱兄长，也包括了和朋友之间的友爱。

法旨：本法旨在让家长知道培养孩子传统道德的重要性，家长要告诉并培养孩子有爱心、孝心，知道感念他人之恩。

亲子关注 >>>

曾几何时，"百行孝为先"是人们的道德准则，而现在则是180°大转弯，万事以孩子为先。家长从孩子一出生开始，就不惜一切代价为孩子付出，而不求任何回报。于是孩子们认为父母所做的一切都是天经地义的，很多孩子自私，缺乏爱心，只知道享受，不懂得给予，一切以自我为中心。

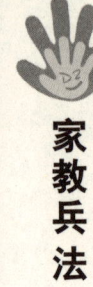

那么，当下，父母是否应该坚持感恩教育？父母又应该如何说，才能让孩子学会感恩父母、感恩他人呢？

案例聚焦 >>>

Case A ——

一个母亲也曾含泪讲述道：

"那是夏天的一个正午，天特别热，孩子吵着要吃西瓜，我赶忙到菜市场去给他买。当我顶着烈日满头大汗地拎着西瓜走进家门时，孩子不但没高兴，反而冲我直嚷：'妈，怎么这么慢啊？我快渴死了！'我赶忙走进厨房，把瓜洗净后切开，顺手拿起一块咬了一口，想尝尝甜不甜。这时候，背后突然传来孩子的吼声：'谁让你先吃的啊，你赶快给我吐出来！'

"这话像刀子一样锋利地刺伤了我。你知道吗？我当时只觉心口像被重重击了一拳，目瞪口呆地站在那儿，泪水盈眶，我简直无法相信这些话就出自我一直疼爱的孩子之口。孩子可能发现我哭了，就接着说：'算了，这次原谅你，下次可不许你这样了啊！'他的语调斩钉截铁，俨然成年人般不容分说，我的心里别提有多难受了。我没想到孩子会这样对待我，也不知道他怎么就会说出这样的话。"

Case B ——

小宏的妈妈在菜市场卖菜，爸爸也只是打些零工，夫妻俩辛辛苦苦地维持着这个家，儿子却只知道索取，不知道付出，这令他们困惑不已。虽然生活在都市中的贫困家庭里，可是学校里的小宏却花钱阔绰，常被误以为是富裕家庭的子弟。

自小宏上小学以来，爸爸妈妈便尽可能满足儿子的需要，别的同学有什么，爸爸妈妈就是借钱也要给孩子买，他们的本意是怕其他同学看不起儿子，哪想到这竟成了孩子炫耀的资本。班里只要有哪个同学带来新鲜的玩意儿，他就嚷着让爸爸妈妈买，不管这东西他用不用得上，只要在同学面前显摆一下，他便满足了。

小宏从来不体谅父母，张嘴就是要钱，不满足就耍横，无奈的父母也只好一次次妥协。他每个学期都要求爸爸妈妈买新书包和新文具给他。有一次妈妈说，家里钱很紧，他的书包还很新，就不给他买新的了。闻听此言，小宏脸色马上就变了，10岁的男孩竟然坐在地上"哇哇"地哭叫起来，说要是不给他买新书包，他就不去学校了。看见儿子这样连哭带闹的，妈妈一咬牙，还是满足了他的愿望……

东子热线 >>>

说正题前，东子先给大家讲个故事吧：

很早以前，一只母羊生了一只小羊羔。羊妈妈非常疼爱小羊，晚上睡觉让它依偎在身边，用身体暖着它，让它睡得又熟又香；白天吃草，羊妈妈又把它带在身边，形影不离；遇到别的动物欺负它，羊妈妈便用头抵抗，保护它。一次，小羊说："妈妈，您这样疼爱我，我怎样才能报答您的养育之恩呢？"羊妈妈说："我什么也不要你报答，只要你有这一片孝心，我就心满意足了。"小羊听后，不觉落泪，"扑通"一声跪倒在地，表示难以报答慈母的一片深情。

从此，小羊每次吃奶都是跪着，它知道是妈妈用奶水喂大它的，跪着吃奶是感激妈妈的哺乳之恩。这就是大家都熟知的"羊羔跪乳"。

那么，作为高等动物的人类，又是如何感念别人对自己的恩德的呢？

中国自古就有"受人滴水之恩，当以涌泉相报"的说法。据历史记载，汉初韩信功成名就后，费尽千辛万苦，寻到对自己有一瓢食之恩的漂母，优厚赡养以报其恩；诸葛亮感刘备三顾茅庐的知遇之恩，尽管后主乐不思蜀，仍"鞠躬尽瘁，死而后已"。

古人尚且明白的浅显道理，可是到了今天，人们知恩、报恩的声音却越来越少，这是为什么呢？

是麻木。大人的麻木导致了孩子的麻木，最终导致了群体的麻木。这是非常可怕的事情，群体的麻木会导致人们丧失最基本的道德。诚然，当下的社会大环境不尽如人意，道德滑坡是人所共知的，但这不该成为孩子不道德的理由，家长为此辩护，只能使孩子滑得越来越深。

案例中孩子的表现的确令人心寒，发人深省。在震惊的同时，我们不禁要问，是什么让我们的孩子对亲情如此冷漠、自私自利呢？

除却社会因素，自然是家长。现在的家长最关注的是孩子的智力发展，从孩子一出生开始，就希望孩子是一个智商、天赋超高的天才，就不惜一切代价培养孩子的认知能力，可是却忽略了对其情感和道德方面的培养。

同样作为家长的东子没有忘记给孩子补上这一课。女儿依依是一个懂事、充满爱心的孩子。她对我、对妈妈、对爷爷奶奶，不时地以她孩子般的方式表达着她的爱。几乎每天我下班回家，她都会等候我，为我开门，给我送上一双拖鞋。如果她有什么好吃的，一定会留一份给我。我和孩子妈妈的生日、父亲节、母亲节和感恩节，孩子都会有精美的礼物相送，无论是购买的还是自制的，总会看到那上面充满着感恩的温馨话语。当然，孩子的这些表现并不是与生俱来的，而是在潜移默化中受到家庭教育影响的结果。

爱心、孝心和感恩等传统美德的确立，既与个人的主观因素有关，更与父母的言传身教息息相关。就像栽种植物必须精心管理养护才能种出好苗、结出好果一样，孝心和感恩之心的培育更是如此。

我常常听到一些家长抱怨自己的孩子自私、蛮横、缺乏爱心，认为父母为他们所做的一切都是天经地义的，只知道享受，不懂得给予，只知道自我，不懂得体谅他人，一切以自我为中心。这些孩子不同程度地存在以下不良倾向：只知受惠，不知感恩；只知索取，不知奉献；只知被爱，不知回报……

作为家长，我们要让孩子知道，并非回报大恩大德的大举动才叫报恩，对父母的点滴孝行，对帮助过自己的人看似微不足道的关心，也是一种报恩。孩子如果能常怀感恩之心，不仅能培养他们与人为善、与人为乐、乐于助人的品德，还能促进他们健康人格的形成，而且对其今后建立和谐的人际关系也有很重要的作用。

案例中孩子的所作所为虽然不代表全部，但是却有一定的代表性。这样对待孩子的家长，又会如何对待自己的父母呢？据东子近20年的观察，溺爱孩子的家长大多数对父母不孝，把孩子当祖宗供养，却常弃老人于不顾。另外，在溺爱中成长的孩子，大多数幼时缺乏爱心，不知道感恩，长大后不知道孝顺爹娘。

其实，孩子不知道感恩，板子不该打在孩子身上，因为这完全是父母不当的教育所致。如果父母平时注重身教，给孩子感恩做出榜样，再辅之以理性的言语，不满足孩子的不合理要求，孩子就不会那样无理取闹，Case B中这位妈妈的苦酒，正是她和孩子爸爸自己酿的。所以，**家长对自己父母心存感恩，理性爱孩子，孩子才会成为懂事理知感恩的好孩子。**

家长要让孩子学会感恩，首先自己就要感念父母的养育之恩。因为父母是孩子的至亲，如果孩子对父母的关心和疼爱都不会感恩的话，那么对别人就更加不会懂得感恩。

我们要让孩子认识到，别人为他付出的一切并非天经地义、理所当然。无论是父母的抚养，还是老师传授知识，抑或是他人给予的帮助，这一切都是恩情。在知恩之后，就要以行动给予回报。

在我们成长的路上，给予我们帮助的人绝不仅仅只有父母和老师，还有我们的亲人、朋友、邻里，甚至是路人。

把时光大幕拉回到40年前的那个寒冬，在东北平原上的一个小村庄里，一个六七岁的小男孩，戴着破了洞的小手捂子（比手套厚一些），顶着零下30多摄氏度的严寒，走在回家的路上。走到半路时，孩子冻得脸发青、手发麻，在路过一户人家门口时，他终于哭出了声。这时，从院里走出一位60多岁的老人，他一边和孩子说话，一边将孩子拉进屋里。进屋后，老人脱掉孩子的手捂子，用他那双布满老茧但却温暖无比的大手，攥住孩子的小手揉搓着。过了一会儿，孩子缓过来了，老人又把他送出门外，安慰嘱咐道："很快就到你家了，路上小心！"

大家可能看出来了，是的，那个孩子就是东子，那个给我暖手的老人叫岳关四。在村中，我叫他岳四大爷（伯父）。

20多年后的1995年，当时在陕西西安工作的东子应邀赴河北秦皇岛出席首届全国公关策划与企业创新研讨会，开完会后准备取道北京回西安。在秦皇岛火车站候车时，一不小心将手指划破，我忙低下头拉开行李包找纸，在我还没有找到纸时，邻座的一个女孩撕开了一贴创可贴递过来，让我伸出手指，她帮我把伤口严严实实地包好，我连声说："谢谢！"过了几分钟，她随着检票的人流走了，我望着她的背影慢慢离去……

至今，我也不知道这个女孩（现在也应该有35岁左右了）姓甚名谁，家在哪里，甚至连长的什么模样，我都不曾记得，可我一直不曾忘却这件事。

类似的事情，在东子40多年的生命历程中有过很多次，我相信您也一定曾经历过类似的事情。所以，我们每个生命，无论是大人还是孩子，都要知道感恩，感恩于社会，感恩于他人。

从来到这个世界上的那一刻起，我们便拥有了太多！父母给了我们生命和健康，兄弟姐妹给了我们欢乐和亲情，老师给了我们知识和关爱，朋友给了我们友谊和信任！心中装着这一切，我们就会用爱回馈他们。

要孩子明白的事情，当爹做娘的首先要明白。自己有爱心，心存感激，孩子才会爱他人，学会感悟他人之意。

第11法　守土有责——让孩子做好分内事

释义：清代诗人黄景仁在《邓家坟写望》一诗中写道："颇闻守土责，宜备淮涡神。"《胡雪岩全传》中也说道："地方官守土有责，而且朝廷已有旨意，派在籍大臣办理'团练'，以求自保。""守土有责"指的是军人或地方官员有保卫国土的责任；也指做好自己职责之内的事。

法旨：本法旨在让家长知道培养孩子自立意识的重要性，家长要让孩子从自我服务做起，并承担必要的家务劳动，从而树立自己的事情自己做的意识。

亲子关注 >>>

生活中，有些父母不是给孩子喂饭、穿衣，就是给孩子洗衣服，不仅想尽办法满足孩子的要求，还不让孩子做力所能及的事，至于家务活，更是不会让孩子碰,以致现在有好多孩子出现懒惰、没有自理能力等现象。那么,父母应该如何说,才能培养孩子的自理能力、自立意识呢?

案例聚焦 >>>

Case A ——

一位家长来信说:

"我儿子10岁了。这孩子特别懒,不爱做家务。我曾经想过很多办法让他做家务,又是讲道理,又是鼓励,甚至是命令,可他还是不积极不主动。每次让他做家务都要再三催促。该做的事,他总是一拖再拖;摆在眼前的活,他就跟没看见一样;很容易做的事他也不愿意做,到最后弄得大人和他都不愉快。

"就说说洗衣服吧,我就像老师上课那样教他,结果也没有啥效果。我告诉他开始洗之前要先把衣服分类,他便把衣服一件一件地拿起来又放下,弄了好半天,依然没有分好类,白色的衬衫和牛仔裤堆在了一起,他根本是在玩衣服。无奈之下,我便只好自己洗了。

"再说说收拾桌子和洗碗。他10岁生日那天,我们约定好以后饭后他要从收拾桌子和洗碗两件事中任选一件来做。刚开始他答应收拾桌子,可刚收拾了两天,他就不干了,说桌子不好擦,要改洗碗,我告诉他这次可要想好了,不能再变了,他是满口答应,可不到3天又变卦了,嫌碗油腻不好刷。

"现在这孩子竟然罢工了,说啥也不干了,问他为啥不干了,他振振有词地说:'我们班同学都不做家务,我为什么非要去挨那个累呢……'"

Case B ——

一个中年妈妈也抱怨道:

"女儿已经上初二了,可是非常懒惰,在家什么事也不做,吃完饭把碗一推，衣服脏了，往洗衣机里一扔，什么事都要家长催，不催就啥也不干。我们说她，她还振振有词地反驳道：'我是学生，我的主要任务是学习，你们不是希望我考高分嘛，我做家务还怎么考出好成绩啊？这些活本来就该你们家长做的。'可话又说回来，即便是学习或是做作业，她也总是拖拖拉拉，偷工减料不说，还总是想方设法地偷懒，怕吃苦，不愿动弹。

"我想这也许跟我们在她小时候对她的溺爱有关。从女儿小时候起，我们就帮她打理一切，到了她可以自理的年纪时，她还是吵着让家人喂饭、穿衣、买零食等。出于对孩子的爱，我们一次又一次地满足她，更别说让她干点家务活了，导致现在的她特别懒惰，啥也不会干，根本就没有自理能力，真担心这孩子长大了不能自立。"

东子热线 >>>

"守土有责"绝不仅仅是军人和地方官员的事，军人要守卫疆场，官员要保一方平安，但其他人也要做好自己的分内之事。每个人都扮演着不同的家庭角色和社会角色，演好你的角色是你的职责所在。不论年龄大小，每个人都要承担与其对应的责任，家长要承担成人需要担负的责任，孩子也要承担与自己的年龄相匹配的责任。

权利和义务总是相辅相成的。孩子是家庭中的一分子，家是他成长的地方，孩子会不断地在家里汲取自己需要的东西，所以，在家庭建设中，孩子也要献出一份力、尽一份责。

对于孩子而言，需要承担的第一职责就是自我服务，打理自己的生活，自己动手吃饭、穿衣服、整理书包和房间等。随着年龄的增长，孩子要积极参与家务劳动，在承担自己的职责的同时，减轻父母的负担，比如收拾碗筷、拖地、洗衣服、打扫卫生以及买菜、购物等。

家长必须要向孩子明确两点：第一，他所做的这一切，都是自己必须要承担的分内之事；第二，逃避责任是不道德的，而且是要接受处罚的。

当然，如果孩子自觉承担责任，也应得到表扬和相应的奖励。

这样孩子就会愿意自我服务，甚至去帮助家长及他人，在他的自理能力得到提高的同时，自立意识也会越来越强，由此也会越来越乐观和自信。

像案例中这样埋怨孩子太懒、不自立的家长有很多，孩子的不自立不应该仅仅归咎于孩子，因为根源还在于家长。其实，孩子小的时候，对任何新鲜事物都很好奇，总是跃跃欲试，例如扫地、洗碗等，可是在他们积极参与劳动时，很多家长怕孩子做不好而加以制止。这样，就使孩子们失去了尝试的机会。久而久之，孩子便认为这些事都是父母应该做的，于是就心安理得地等待父母的侍候。

女儿范姜国一今天的自立，完全是我对其从小培养的结果。从孩子听得懂成人话的那天起，我就对她说："自己的事情自己做。"

从2岁半开始，依依就自己学着穿衣服。每天晚上睡觉前，她在脱衣服的时候，每脱一件都要整齐地叠好，然后一件一件地按第二天早晨起床后要穿的顺序摆放成一摞。第二天起床后，就可以从上往下按顺序穿到身上了。刚开始，依依做起来很吃力，尤其是套头的毛衣之类的衣服，脱和穿都很麻烦，但是依依一旦下决心自己来做这些事情时，就不愿意让家里人插手。

那时，家里有保姆，勤快的保姆习惯为依依脱衣服，打洗脸水，在她下床的时候，帮她把拖鞋摆放好。依依最初很坦然地接受保姆的这些照顾，我看到后先是和依依谈话，告诉她任何时候都不能忘记"自己的事情自己做"的原则；然后又和保姆谈，告诉她这些事情不是她工作职责内的，她尽可以不管，要让孩子自己去做。于是，保姆不再照顾孩子的日常起居，依依也就像个小大人似的，天天自己忙活自己的事情。

由于孩子愿意干，4岁时依依就抢着自己洗袜子、手套等小件衣物；5岁就自己洗澡、洗头，收拾自己的房间，整理自己的玩具和其他生活用品；6岁下楼买菜、修鞋；8岁以后几乎所有的家务活，她都能做。

依依15岁半上大学参加军训时，全宿舍的内务只有她一人的合格，教官让她指导那些比她大三四岁的学姐叠军被。所以，我可以自豪地说，比很多已经毕业的大学生来说，女儿现在的生活自理能力要强得多！

正如前文所讲，孩子承担必要的家务，是一个必不可少的学习过程。营造整洁、温馨、舒适的家庭环境有助于我们的身心得到放松，但只有付出家务劳动才能创造好的环境，所以，学习做家务是孩子走入生活的第一步。

家务活有的简单，有的复杂，在孩子能自理的基础上，可以先让孩子做些简单的家务，比如倒垃圾、取东西、拎所采购的生活用品等，这些都是顺手而为的家务事，做起来简单，孩子也不会抗拒。然后视情况让孩子做复杂一些的事情，比如做饭菜等，就可等孩子稍大些再学习。

没有一个人是天生就什么都会做的，作为父母不能出于疼爱孩子、舍不得让孩子干活的心理而包办代替一切；也不能认为孩子还小，不用着急，长大了自然就会了，而不给孩子动手的机会；更不要因孩子做事太慢或者做不好，就不耐烦而剥夺孩子实践的机会……

做家务既是孩子需要承担的分内之事，同时也是一种很好的学习过程。它不仅不会影响到孩子对文化课的学习，而且对于提升孩子的能力、提高学习成绩还有很多帮助。

首先，家务劳动可以锻炼孩子的动手能力和解决问题的能力。这对于提高孩子的逻辑思维能力有直接的作用，还可以提高孩子学习数学和物理的能力和语言逻辑能力。其次，可以培养孩子的自信心，孩子会做的事情越多，自信心就越强，心态也就越乐观。再次，可以培养孩子的责任心，通过做家务孩子会体会父母的辛苦，从而懂得承担起自己的责任。

和成人一样，孩子也希望能通过劳动来体现自我的重要性。所以，无论是琐碎的家务劳动，还是一些在成人眼里无足轻重的工作，交给孩子去做，孩子都会从中体味到快乐和满足。因此，当孩子有了做家务的能力和热情时，家长一定要鼓励他，同时逐渐培养他的家庭责任感。也就是说，要孩子做家务，不仅仅要注重培养孩子的自理能力，更重要的是，让孩子觉得自己是家庭中的一员，自己有责任和义务为家里的每个人做事。

Case A 中这个家长的做法虽然值得肯定，但是效果却不尽如人意，一个主要原因就是她没有及早地让孩子参与家务劳动，以至于孩子10岁了什么都不能干也不愿意干。如果在孩子三五岁时就培养他的自理能力，那么到现在他不仅能做、愿意做，而且会做得很好。所以，**培养孩子的自理能力也要趁早**。而 Case B 中的孩子则完全是家长溺爱的产物，这样的例子该为我们敲响警钟，我们要避免重蹈覆辙。

孩子之所以不愿意自我服务和做家务，究其原因是从心里认为这不是他的责任，如果做了，也是在帮父母做。家长必须让孩子摒弃掉这种思想，学着打理家务，久而久之，这种承担义务和责任的行为就会成为一种习惯。孩子可以从这种习惯中体味到劳动的快乐和被人信任的幸福，还有能为家里人做事情的自豪感，同时也强化了孩子的归属感。

值得一提的是，家长虽然要让孩子尽到自己在家庭中的责任，但是也不要过于苛责孩子。孩子在锻炼自理能力，做家务的时候，错误会时常发生，这个时候家长千万不要生气，更不要对孩子发火，而要耐心细心地引导孩子。抱怨和指责会打消孩子的积极性，使其对自己所做的事情产生厌恶感。一旦如此，孩子便会讨厌做家务，逃避责任。所以，在这一过程中，家长要多肯定孩子。

比如孩子第一次帮助妈妈洗碗，妈妈一定要及时鼓励孩子，夸奖孩子做得很好。即便孩子并没有把碗筷洗干净，甚至还弄了一身水，这都没关系，只要坚持让孩子做这些，总有一天他会做好的。

一屋不扫，何以扫天下？自己的事情都做不好，还能指望他做好别的事情吗？

要想让你的孩子自强自立，那就让他从现在做起，做好自己的分内之事，做好自我服务。放开手脚让孩子去做，在你的赞赏中，孩子会越来越棒！

第12法　阴阳燮理——使孩子晓男女之别

释义：《尚书·周官》中有："立太师，太傅，太保。兹惟三公，论道经邦，燮理阴阳。""阴阳燮理"指调和、理顺阴阳，使之和谐平衡、各归其位；本文中指男女之别。

法旨：本法旨在让家长知道对孩子的性别意识进行引导的重要性，告诉孩子要认同自己的性别，避免出现角色错乱，保证孩子有健康的心理和健全的人格。

亲子关注 >>>

自古就有男子至刚、女子至柔的说法，而如今，阴柔之气上升，阳刚之气下降，越来越多的男孩没有男人味，他们奶油气、娘娘腔，他们软弱、脆弱、柔弱、不自信、不勇敢、爱使小性子、爱发脾气；与此同时，越来越多的女孩出现男性化，于是伪娘、超女登堂入室。那么，父母应该如何说，才能使孩子避免出现性别角色错乱，拥有健康的心理呢？

案例聚焦 >>>

Case A ——

《重庆晨报》报道了一个上小学五年级的11岁的怪异女生。这个女孩留着平头,穿着短裤,陌生人绝对看不出她是个女孩,她还"爱"上了同班的一个女生。她要父母带她去做变性手术,结果走遍了重庆的各大医院都没人敢接招。因为检查结果显示,她是个十足的女孩,只是因为心理因素才导致她想变性的。

进一步了解得知,此女正是因幼时父母没有教导其正确认识性别角色,以及没有及时纠正她的一些男性角色表现才导致现在的性别角色错乱。为了顺应孩子,父母硬是把这个女孩当男孩养了10多年,她小时候就是一身男孩子的打扮,从没梳过辫子,从没穿过裙子,玩具也都是手枪、汽车、飞机、大炮什么的,真是"不爱红装爱武装",结果导致性别角色错乱,孩子苦不堪言,家长也是后悔不迭。

Case B ——

我有一个朋友有一个儿子,可他们夫妇俩特别喜欢女儿,就想了个主意。他们给儿子穿花裙子,扎小辫子,每天把他打扮得像个漂漂亮亮的小女孩。朋友一直都很为这个主意高兴:虽然男孩女孩他都疼爱,不过,他总觉得女孩更贴心,与家长也更亲些,而且孩子姥姥也想要个小外孙女,让老人家开心开心也好。

最早孩子就经常待在姥姥家,有小姨、姐姐们陪他玩,倒也不寂寞。这本来是件好事,可惜好景不长。孩子上小学时,经常哭着跑回家来,说同学取笑他。朋友实在气不过,就跑到学校责问老师:"你们是怎么教学生的?为什么我们家孩子老受欺负?"老师回答说:"其他孩子取笑他是不对,不过,这孩子好像真有点不大对劲。他说话细声细气,走路轻轻悄悄,总喜欢和女孩子一起玩,还动不动就抱她们,碰到女老师,他也爱蹭上去,用鼻子闻来闻去，大家都有些怕他了。""啊？"朋友有点吃惊。其实他也发现儿子有点女孩腔。

东子热线 >>>

"现在的男人怎么了？一个个柔柔弱弱，怎么都没男人味？"男人如此，男孩又如何呢？放眼望去，无论是中小学还是幼儿园，越来越多的男孩软弱、脆弱、柔弱、不自信、不勇敢、爱使小性子、爱发脾气……

目前"阴柔之气上升，阳刚之气下降"的社会大环境，使男孩越来越奶油气，越来越女性化，而女孩却越来越男性化。于是，伪娘、超女登堂入室。男性性格中固有的坚韧、大胆、果断、豪爽、大度等优良品质正在日益丧失，而以超女李宇春为代表的中性女越来越多。

在某种程度上说，李宇春开创了女孩男性化的先河，于是大街上招摇过市酷似男孩的女孩越来越多。与此同时，像郭敬明一样的伪娘也很火，一些外在柔弱、举手投足间女性化十足的男性多了起来……

一个人把自己看做是男性还是女性，在心理学上称为"性别角色"。在婴儿时期，宝宝便开始了对自己的身体进行探索。最早接触的"他者"是爸爸妈妈，在接受爸爸妈妈的过程中，宝宝逐渐认识自己，发展自我认同，最先形成的概念是"我"，然后逐渐形成对"我"和"他"的认识。在认识"我"与"他"的区别中，其中很重要的一项是性别。大约到3岁时，孩子的性别角色已经形成。儿童正确认识性别，必须是在双性别的环境中，在孩子和不同性别成员的相互关系中，在孩子与异性的不断比较中，逐步发育并成熟起来的。

有些孩子由于在有缺陷的家庭环境中度过童年，或受教养方式潜移默化的影响，会发生性角色偏差。比如没有父亲或父亲长期不在家的幼儿，由于缺少男性榜样，会表现出女性化的爱好和行为。又比如有的孩子和异性父母（即母和子或父和女）的关系过于密切，在身心上对异性父母过分依恋，而不愿接受应有的性角色行为。此外，更常见的性角色偏差是，由于父母愿意有一个不同性别的孩子，从小就把自己的孩子当做另一性别的孩子来教养。这类性角色偏差一旦形成和定型，要加以扭转将会十分困难。

家长一旦发现孩子出现性别偏差，就应该及早加以引导，改善孩子成长的环境条件。**培养孩子与同性父母的亲密关系很重要**。父亲应常常陪儿子玩，母亲也要有单独与女儿在一起的时间。如果家里缺乏同性父母的榜样引导，可通过亲戚、朋友或家庭教师来施加影响。**多和同性成人在一起游戏或参与有兴趣的活动**，会使孩子受到感染，并出现模仿行为。此外，让男孩看一些男性英雄的书，给女孩讲一些仙女的故事，都将对他们的性角色矫治有所助益。

任何事情都有个度，物极必反嘛。家长对孩子的性角色行为过分敏感亦是不必要的，比如不让男孩从事艺术活动，逼迫他参加竞争性运动；阻拦女孩玩枪弄棍，只让她抱着洋娃娃、玩过家家等。现代研究显示，通常社会适应能力良好的人，拥有高度的两性特质。在孩子的发展过程中，单就男性或女性特质作特别的强调，其实更容易造成孩子某些能力与兴趣的偏重，甚至抹煞另一些能力与兴趣的形成。

我对女儿依依性别角色的培养和引导，就是本着自然性与社会性有机结合的原则来进行的。自然性就是指她是个女孩，要保护她作为女孩的基本心理认同，同时培养她一些男孩应该具备的品质，既要爱"红装"也要爱"武装"。所以，现在的依依已经是一个刚柔并济的大姑娘了。

父母应及时鼓励孩子适当的性别角色行为。例如，对于文弱的男孩，就对他参加爬山、踢球这类体育活动和勇敢行为进行表扬，经常称赞他是个好小伙子，希望他成为一个小男子汉，尤其当他表现得像个男孩子时。这些鼓励可以是口头的，也可以是物质上的，您甚至可以奖给儿子一把冲锋枪。

父母应当反对孩子不当的性别角色行为。除了偶尔的表演性行为，对于自己孩子的不当性别角色行为，即使不加反对，也应表现冷淡，让孩子感到自己的表现有误，父母对此没兴趣。成长环境可以影响孩子成年后的性别取向，因此家长必须予以关注。

　　一个人的性别有很多种，其中最为基本的是生理性别，此外还有心理性别、社会性别等。在日常生活中，我们一般都只注意到男性和女性在生理上的差异。"男的不就是男的、女的不就是女的吗？不然还能怎样？"还可以是其他的。当一个有着女性身体的人在心里认定了自己是男性的时候，她的大多数言行举止都可以表现出一个男人应有的样子。这时，她的心理性别、社会性别就都属于男性。周围人可能会因此而看不惯她，瞧不起她，父母甚至会打骂她，可这一切，除了增加她的痛苦和压力外，别无他用。

　　据报道，成都一个17岁男孩小晓不顾家人反对，毅然决定做变性手术，该新闻的标题为《穿裙子长大，"女魔"在他内心涌动》。小晓是独苗，父母极其宠爱他，经常给他穿裙子，还在他的左耳处打了两个耳洞，让他戴上耳坠。一同长大的堂姐也常为小晓扎小辫子。因为从小在女人堆里长大，小晓的习性都是女性化的。因为变性的想法遭到家人的反对，孩子曾在寒冬腊月绝望地跳入锦江。

　　患有性别角色识别障碍的人意识到身心的分裂时，往往会非常痛苦。他们中有的人会尝试做变性手术，这种手术的费用相当高，而且当事人需要承担相当大的身体风险以及精神压力和社会压力。即使在欧美等西方国家，变性人的社会认同都还有很长的路要走。

　　我们的社会越来越宽容，虽然不至于在社会制度层面上对变性人作某些不公平的规定，不过，舆论可以杀人，偏见可以杀人，孤立也可以杀人。所以，无论你家宝贝是男孩还是女孩，都请尊重他（她）天生的性别，帮他（她）规避这种种的风险。

　　作为孩子成长的主要引导者，在孩子的性别意识形成过程中，父母的作用是不可忽视的，父母要从孩子小时候起就注意培养孩子的性别意识，使孩子顺利地找到并适应自己的性别角色，从而快乐地成长成才。

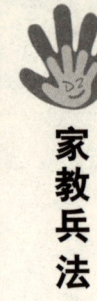

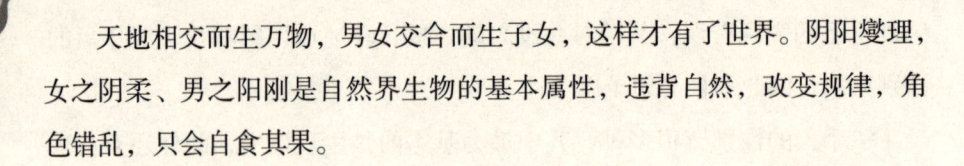

家教兵法

天地相交而生万物，男女交合而生子女，这样才有了世界。阴阳燮理，女之阴柔、男之阳刚是自然界生物的基本属性，违背自然，改变规律，角色错乱，只会自食其果。

第三篇 赏识法——这样表扬，孩子进步快

家长都希望孩子成龙成凤，总是怀着急切的心情希望自己的孩子比别人的孩子强，于是当孩子没有达到自己的要求，或比别人的孩子少考了几分时，家长就会责骂孩子。「你懂什么」「你别瞎胡闹」「瞧人家××」甚至成了许多家长常挂在嘴边的话，殊不知，这是伤害孩子自尊心、自信心的最恶毒的语言。

第13法　多加青睐——孩子需要你的关注

释义："青睐"比喻喜爱或重视。"多加青睐"就是指要多关注他人，重视他人；本文是指家长要多关注孩子，能够更好地陪伴孩子成长。

法旨：本法旨在让家长知道孩子需要他们的关注，以及家长如何满足孩子的心理需求，为孩子提供必要的精神营养，以此保证孩子健康成长。

亲子关注 >>>

生活中，我们经常见到这样的父母，他们认为自己是孩子的物质提供者，而教育孩子则是学校的责任；也有些父母为了实现自己的事业，把精力都放在工作上；还有不少父母为了养家糊口，把孩子留给爷爷奶奶或姥姥姥爷……这些父母或多或少地忽略了孩子的需求，尤其是精神需求，对孩子的成长极其不利。那么，父母应该如何做，才能满足孩子的心理需求，保证孩子健康成长呢？

案例聚焦 >>>

Case A ——

一个初中男孩在给东子的信中写道：

我至今还记得小的时候，一家人在一起生活的快乐时光。那时，爸爸妈妈都是普通职员，他们总是早早地下班，把我从学校接回家，问我学校里的事情，给我做香喷喷的饭菜。

可是好景不长，不知从什么时候开始，他们回家的时间越来越晚，有时只能看见留在锅里的饭菜。后来，锅里的饭菜变成了桌子上的几十元钱。那个时候我还在上小学，对于一个孩子来说，可以自由支配自己的一日三餐，那真的是一件值得开心的事情。我买了很多路边卖的小吃当做午饭。不知道是我吃得太多，还是那些东西本身就不是很卫生，总之，我因此得了肠炎。

一次，我正在上体育课时，肚子突然疼了起来，接下来的半节课里，我就没从厕所出来过。大冬天，我一边打着哆嗦，一边冒着冷汗，现在想起来都觉得恐怖。快下课的时候，体育老师把我背到了校医那里。校医帮我打了针，班主任老师也急忙过来看我，说已经通知了我爸爸。我当时特别开心，觉得这场病生得真是值得，要知道那时我已经有四天没见过爸爸了。也许是之前折腾得太凶了，在等爸爸的时候，我在医务室里睡着了。这一觉睡得很舒服，我醒来的时候肚子已经不疼了，可是环顾四周却只看见林阿姨（爸爸的秘书）的身影……

这让我想起了一次学校搞的"家长学校"活动，这个活动的一项主要内容就是请家长到学校来看看我们是怎么上课的。妈妈答应我她会去参加。活动的前一天，我特意复习了第二天要上的课程，准备在课堂上发言，好叫妈妈开心一下，可是马上就要上课了，还是没看见妈妈的身影。正着急呢，过来一个漂亮的姐姐，她问我是不是叫顾晓磊（化名），我点点头，然后她对我说，她是我妈妈的助理，我妈妈因为公司有事走不开，就叫她来了。那节课我没发言，我甚至没有好好听课。上完课我同桌用羡慕的语气说，你妈妈可真年轻。我没有回答，因为我知道她是想夸夸我，而这对于我来说简直是一种犀利的讽刺。

类似这样的事情在我身上不知道发生了多少次，我也一直都在原谅着他们，因为我始终相信，他们是真的很忙，而不是不爱我。可有一个问题一直困惑着我：难道对大人来说，工作会比孩子更重要吗？爸爸妈妈总是口口声声地说，工作挣钱其实都是为了我，可我就不明白了，既然我那么重要，他们又怎么对我不闻不问、不管不顾呢？

Case B——

这是一个曾经令很多人为之落泪的帖子：

春末夏初的午后，我正在午休。"零……零……"突然，手机铃声大作，睡眼蒙眬中我有点烦躁地拿起电话，来电显示是一个区号为"0737"的陌生长途电话。电话铃声固执地一遍遍响起，我犹豫了一下就习惯性地用普通话接听了："喂！你好！"电话那端模糊地传来喘息声，但没有说话声。"请问你是谁？"我的手机号码很少有陌生电话打来，对方的陌生与沉默让我开始不耐烦了。"说话，再不说话我挂了啊！"我刚说完就想挂断电话，这时电话那端传来了轻轻的啜泣声，声音似乎很稚嫩。"妈妈，我是涛子。"一个小男孩的声音令我呆住了！"妈妈，我是涛子，不要挂电话！"话音未落，小男孩就已经"哇"的一声哭了起来，然后不容我说话，就边哭边说："妈妈，我很想你。你好多年都没有回家了，爷爷说前年大雪封了路你没有回来，去年请不了假也没有回来。可是，我很想你，妈妈。你为什么不回家看涛子？涛子很乖，很听话，很努力地学习。你和爸爸是不是不要我了？"

家教兵法

我无所适从，明显是一个打错的电话，可现实情况却让我没有勇气告诉对方"对不起，你打错了"。涛子哭了一会儿后，情绪稍微平静了些。他说他将过年的压岁钱偷偷地存下来，翻了爷爷的电话本抄来了妈妈的号码，打通了这个长途电话，就是要告诉妈妈儿子想她。长时间没有听过妈妈的声音，导致他无法辨别电话的那端是不是妈妈，甚至忽视了我这个"妈妈"为什么不会说家乡话。我的眼睛有点湿润，决定临时扮演起一位妈妈的角色。涛子慢慢地兴奋起来，大声地说着他的成绩、他的懂事、他长高了长胖了，以及他想告诉妈妈的心里话。在有意无意的对话中，我大概知道了涛子是湖南益阳人，爸爸妈妈已经来广东打工很多年了，涛子很小就跟着爷爷奶奶生活。"涛子，你再来念一次妈妈的手机号码，好吗？""135227××× 66"，涛子很听话地把号码念了一遍，原来他把第八位号码按错了，所以就打到我的手机上了。我用笔认真地记下了这个正确的号码，我要打给他真正的妈妈，让她常回家看看，告诉她，她的儿子有多么想她。终于，涛子依依不舍地挂了电话。

东子热线 >>>

现在大多数家长对孩子照顾得无微不至，甚至溺爱有加，但也不乏 Case A 中这个孩子这样，父母整天忙于工作而对孩子不管不顾的例子。其实，用"不管不顾"这个词不是十分恰当，这样说一些家长也不认同，他们会振振有词地说："孩子要多少钱我给多少钱，别的孩子有的，我的孩子都有，别的孩子没有的，我的孩子也有，有时忙不开，有事我不能去，我也要派人去……"

如此说来，还真有点冤枉了像这个孩子父母一样的家长。但是，东子想提醒家长们注意的是：给了钱、派了人，就算尽到为人父母之责了吗？钱既不是爹也不等同于妈，助理（秘书）也不是父母，他们能相互替代吗？

作为家长，请您换位想想。

写到这，让我想起郭冬临曾演过的一个小品——《我和爸爸换角色》。来家访的孩子老师说："你也许不认识我，我是孩子的新班主任。"郭冬临说："没关系，老的我也不认识。"老师说："我看你是不是应该多花点时间，陪陪你的孩子了？"郭冬临说："陪孩子？多花点时间？你说得倒容易，我是男人呀，我是户主啊，我有事业……陪孩子，谁不想呀？可厂长谁陪呀？不陪厂长，谁给发工资？没有工资，怎么养活这个孩子……"而小品中孩子的那一席话，也道出了孩子们对忽略了自己的家长的责怨："你老不回家，是不是不想要我了？"

Case B 中的孩子就有这样的感受。当城市中其他的同龄孩子都在享受家庭亲情的温馨时，如涛子一样的孩子似无人问津的小草般被迫留在了乡下，远离父母，远离亲情，他们的代名词是"留守儿童"。我国的留守儿童大多集中在经济不发达的农村，他们的父母为了维持生计，不得不背井离乡，进城务工赚钱。

留守儿童面临的最大问题，不是他们在学校的学习情况，而是他们的心理状态。大多数的留守儿童正处在成长发育期，由于他们缺少父母的关爱，因此在成长中极易产生认知上的偏离和心理发展上的异常，甚至走上犯罪的道路。

随着现代社会高速发展，人类的生活节奏越来越快，人们的生活压力也越来越大。越来越多的父母，如今已难得有充足的时间来陪伴孩子。时间是件奇妙的东西，既可以创造无尽的金钱，又可以创造无价的亲情，但我们却不能同时拥有，所以就要有所取舍。

大量资料显示，与父母亲接触较少的孩子，普遍存在焦虑、自尊心不强、孤独等情感障碍。当父母之爱缺乏到一定程度时，孩子就有可能会患上"缺爱饥渴症"。这样的孩子通常表现为抑郁、孤独、任性与依赖。为了摆脱内心的孤寂与痛苦，到了青春期时，他们往往容易盲目地去尝试种种可能的补救办法，包括抽烟、喝酒，甚至是性放纵或吸毒。

在很多人的观念中，父母爱孩子就是为孩子多赚钱，给孩子买好吃的、好穿的，督促孩子学习。其实，孩子的生活和活动中是不能缺少父母的身影的，父母应该尽可能抽时间陪伴孩子，并能够积极参与孩子的活动，无论是家庭活动还是社会活动。父母的爱是孩子成长过程中的营养催化剂，再多的钱也替代不了父母亲情，有父母相伴，孩子才能幸福无边。

孩子人格健全是父母陪出来的。然而，现在有很多家长总是终日奔忙，把孩子丢在一边。当他们终于有一天想好好关心孩子的时候，会发现自己对孩子来讲已经变得无足轻重了。因此，作为家长应当多陪陪孩子。

孩子的健康成长，并不单是靠丰富的物质生活来保障的，更多的是靠父母的关爱、亲情的慰藉，以及在游戏中玩乐。现在很多父母都很忙碌，特别是如 Case A 中这对事业有成的父母，他们忙事业、忙赚钱，无暇顾及孩子。

其实，钱可以慢慢赚，事业也可以一步步发展，而孩子成长中每一个脚步都是不可能重复的，许多事情，一旦错过就不可挽回了。童心是一张洁净的白纸，要在这张白纸上画上最新最美的图画，作为父母，除了用丰富的物质生活做颜料，还要用父母之爱、亲子之情做彩笔，去描绘孩子的童真、感受、能力、理想……

我国家庭中的亲子关系最常见的有两种：一种是过分宠爱，一种是疏离冷落。这两种关系都不利于孩子的成长。前者很常见，如今的孩子多是独生子女，长辈几乎像照看宠物一样照看着他们；而后者中的家长往往是由于各种原因，忽略了孩子的精神需求，父母和孩子相处的时间少，没有建立亲密的亲子关系！

这两种关系给孩子带来的心理伤害中最直接的就是对其人格的影响。孩子的人格结构包括情绪情感、人际交往、自我意识、对外界的感受判断能力、选择和实践能力等。所有这些都是通过家庭、父母的生活方式传递给孩子的。一个孩子若缺少父母的陪伴和影响，人格结构就会出现缺陷而影响其一生的幸福。

不管家长在主观上是否重视，孩子的人格发展基本上都是在家庭中完成的。在儿时，孩子的人格结构初步形成并且从此影响终生。研究表明，家庭成员之间情感的疏远和冷漠，都与家庭中的亲子沟通有关。亲子沟通，也就是指父母与子女之间通过谈话、游戏、外出游玩或其他方式进行相互了解。亲子情感必须通过沟通才能更融洽。

当前，人们在亲子关系的认识上，特别是在与孩子情感交流方面，存在着一些偏差。很多家长只注重孩子的学习和衣食住行等物质需要，却忽视了孩子的精神营养，不懂得或抽不出空陪伴孩子，与孩子进行情感交流，使孩子得不到与父母相处与交流的机会，这将极大地影响孩子的人格发展。

事业再成功，钱挣得再多，也换不来一个健康快乐的孩子。李双江的教子故事给了我们深刻的启示，这也是东子20多年从事青少年心理咨询和教育研究工作的真切感悟。

第14法　倍慰蒙童——要多抚慰你的孩子

释义："倍"是增加的意思；"慰"意为使人心情安适；"蒙童"指开始接受启蒙教育的儿童，这里指所有的未成年人。"倍慰蒙童"是指家长要多体贴安慰孩子，让孩子看到希望。

法旨：本法旨在让家长知道孩子需要来自他们的精神抚慰，以及家长如何通过安慰和鼓励孩子，使其健康自信地成长。

亲子关注 >>>

生活中，常有这样的情景：有些父母，在孩子向自己求助时，由于其他不开心的事而粗暴地让孩子"一边去"；也有些父母生下女孩，却因喜欢男孩而不给予女孩足够的关注；还有些父母，在孩子向自己诉苦时，不仅不安慰、鼓励孩子，反倒出言讥讽孩子，这就导致了孩子烦躁、羞耻、痛苦、消沉等很多问题。那么，父母应该如何做，才能给予孩子必要的精神抚慰，并使之健康、自信地成长呢？

案例聚焦 >>>

Case A ——

一个11岁的女孩在给东子的信中写道：

在我3岁的时候，爸爸妈妈带着我一起到城里做小买卖。那时日子很苦，但是我每天都很快乐。后来通过爸爸妈妈的辛勤努力，日子越过越好，在我7岁那年，我家在城里买了房子，我有了属于自己的小空间，并且还成了一名小学生。那真是很开心的一段时光。

就在那年年末的时候，一心想要个儿子的爸爸妈妈，给我生了个弟弟。那么大点儿的小孩子，真的很可爱，想到我曾经也是这样的，我就更加喜欢他了。可是好景不长，随着弟弟的慢慢长大，我这个姐姐也受着越来越多的苦。

因为他小，不懂事，所以常常弄出乱子。可是不知道为什么，弟弟一发生什么事情，妈妈总是责骂我。比如弟弟把水打翻了，妈妈骂我不小心；弟弟自己不小心磕到了头，妈妈骂我没有照顾好他；弟弟哭了，妈妈不问青红皂白就先骂我……

现在的我也只不过是一个五年级的小学生啊，我的很多同学现在上学、放学还是家长接送呢。可我呢？不但要自己走回家，还要替妈妈照顾弟弟。每天晚上放学回家的时候，妈妈就只知道和我说那些照顾弟弟的注意事项，从来都不过问我在学校过得怎么样。

我知道，我比弟弟大7岁，我是应该照顾他，让着他，可我也是孩子啊，也需要爸爸妈妈的关心和照顾，哪怕是精神上给点抚慰也好啊。有时候我常常怀疑自己是不是爸妈亲生的，为什么同样都是他们的孩子，待遇差别就这么大呢？

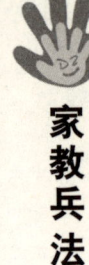

我常常梦见妈妈像小时候一样过来亲我,可是梦醒了以后是无尽的失落。我多希望妈妈可以常常关心我,就像大鸭子照顾鸭宝宝那样,多幸福啊……

Case B

另一个孩子在给东子的信中写道:

因为内向,我从小就很难交到朋友。上了初中,我好不容易交了几个好朋友,一个坐在我后桌,一个坐在我邻桌。一下课,我们便会聚成一堆,聊天谈心,总有说不完的话题。我一直觉得这样的日子很幸福,只可惜,在一周前,这种幸福的日子结束了。上星期,我们换了新的班主任。新班主任上任后做的第一件事情,就是分座位。可依据并不是学生的个子高低,而是在班级的排名次序。我的学习,一直都不算好,所以被老师从第二排调到了第五排,我的两个好朋友却成了同桌,仍坐在第二排。

分桌以后,我明显感觉到她们比以前更加要好了,而和我之间却变得疏淡起来,刚开始还一起吃午饭,后来她们便不再叫上我了。每到课间的时候,我总是显得很孤单,我心里很难受,于是就把这件事情和妈妈说了。我最初的想法是听听妈妈的意见,看看有什么办法,可以让我们三个人回到以前,就算没有什么办法,至少可以在妈妈那里得到一些安慰。可是妈妈却很不以为然地说:"她俩不和你玩儿,你就找别人呗。""我不知道和别人说什么。"

"看你那没出息的样儿,我就来气,要不是因为你的学习赶不上人家,人家能不理你吗?"妈妈指着我的鼻子说道。我没吭声,默默地回到自己的屋子里。本来是想在妈妈那里找点心理平衡,可现在我却越发难受了,更加不知道该怎么办了。

我虽然是个内向的女孩,可并不喜欢独来独往,甚至讨厌这种没有朋友的日子。我一直觉得,妈妈就是我的第一个朋友,也许妈妈提不出什么好建议,但至少可以在她那里得到一丝安慰吧,哪怕是一句"不要灰心""应该往好的方面想"之类的话。可是妈妈一句也没说,她觉得这件事都是我的不对。妈妈说得没错,因为我学习不如人家,所以才被安排到后面,可是谁不想有个好成绩呢?这是我主观上的问题吗?

东子热线 >>>

案例中这两个孩子所提及的是一个孩子对父母最基本的要求,所以一点都不过分。因为人人都希望得到他人的爱,尤其是孩子,他们特别需要父母之爱。父母之爱是天地间最伟大的爱,是一种父母对儿女天生的爱、自然的爱,这种爱是孩子成长中不可或缺的精神营养。

可令人遗憾的是,生活中确实有一些为人父母者,出于这样或那样的原因,忽略了孩子的这种精神需求。然而,一个长期得不到足够的父母之爱的孩子,很容易产生自卑、恐惧、焦虑、反叛等心理,这种心理会严重影响孩子的健康成长。

分析儿童心理问题的成因,首先要看他们的成长环境,尤其是家庭环境。很多家长对孩子的身体发育不曾忽视,对孩子的物质需求也很重视,但却时常忽视孩子的精神需求。**有研究表明,父母不当的教育方法和行为,直接或间接地影响着孩子的身心成长。**也就是说,家长对孩子的态度不同,对子女精神需求的关注程度不同,其结果也会大不相同。

孩子是活生生的血肉之躯,他们自然也有自己的需求。当孩子的物质需求得到满足的时候,他们就会有强烈的精神需求,他们渴望父母关心他们、理解他们、尊重他们。如果这一需求得不到满足,那么更高的需求,如学习、认知、审美等自我实现的需求就难以产生,这样的孩子甭说是成功成才,就是成人也难。

不管你有多少孩子,不管是男孩女孩,无论他们有何差别,他们都拥有一个共同的归属——你的孩子。既然是你的孩子,就应该得到你的爱。对孩子们厚此薄彼,不仅不利于孩子们的健康成长,而且还会伤害孩子的心,这就等于剥夺了孩子的未来。为了一个孩子而伤害另一个孩子的做法,是极端的短视行为,是一种得不偿失的自私狭隘的爱。

我们一直倡导"以人为本",可我们的家长真正为孩子考虑了多少呢?家长不是给孩子吃、给孩子穿、供孩子读书就可以了,还应该给予孩子精神抚慰,满足孩子对爱的渴求。家长为孩子努力打造舒适的生活家园的同时,更要为他们努力打造温馨和谐的精神家园。

在日常生活中,孩子常常会因为达不到某种愿望、遇到无力处理的挫折或难以摆脱的困境而产生焦虑、忧愁、愤懑、羞耻和痛苦等种种情绪。这种不良的情绪状态对孩子的身心发展是不利的,它不但能使孩子尚不健全的神经系统失调,削弱其活动兴趣和能力,还会使他们变得烦躁、消沉。

比如 Case B 中的这个孩子,为好友的离去而苦恼时,做家长的就要理解孩子的苦衷,同情她的失友之痛。对于一个10多岁的孩子,尤其是性格内向的孩子来说,好不容易交到几个好朋友,又由于客观原因而失去,孩子的痛苦是可以理解的。这时,我们做家长的不仅不该指责她,反而应该耐心地倾听她的心声,并给予必要的抚慰。

生活是爱的积聚,爱是生活的海洋。你的爱,是孩子心中最辽阔的海洋。

同情孩子的苦恼,本身就是父母对孩子的一种爱。但在很多孩子的心目中,父母对自己的苦恼往往无动于衷,至少是不理解的,因此他们一般不愿意把这种苦恼及其起因告诉家长。因为告诉父母也无济于事,其结果他们不是笑话自己,就是不以为意,甚至有时自己还会受到来自他们的指责和批评。

孩子为什么会这么想?因为很多家长是这么做的。一个真正关心自己孩子的父母,在孩子苦恼时一定要表现出同情心,让孩子知道他不是一个人在苦恼,父母对此也是注意的、关切的。这样,孩子就会在心理上得到慰藉,在情感上得到满足,就会主动向父母倾诉苦恼,使不良情绪得以宣泄和排解,得以缓和与消除。

连最起码的同情心都没有的家长怎么可能是好家长呢？父母该是为孩子分忧解愁的人，如果孩子遇到了愁苦之事父母却置之不理，甚至横加指责，这些父母应当自省。作为家长，我们应该知道安慰本身就是对孩子的一种鼓励，一种温情的爱。**在孩子遇到令他痛苦、伤心的事时，父母对他的苦恼理应是关切的。**父母不要把孩子的痛苦抛之脑后，或者不屑一顾，而应该尽可能用各种方法安慰和帮助孩子，学会用你的手去抚慰他，用你的胳膊去保护他，必要时把孩子抱在怀里使他恢复平静。

孩子感受到父母爱自己，他才会自信、快乐地度过每一天。孩子和成人一样，希望得到别人的尊重。我们不能把自己的孩子仅当做一个小孩子来看待，而要把他看成一个独立的个体，给予他必要的尊重。

对于孩子的物质需求，我们可以"吝啬"一点；但在孩子的精神需求方面，则要做一个慷慨的施爱者，让孩子的各种精神需求得到满足，这样孩子才不会成为一个精神上贫乏的人。家长只有科学地满足孩子的精神需求，时常给予孩子精神抚慰，孩子的人格才会得到健康的发展。

第15法　勤于鼓励——孩子是需要肯定的

释义："勤于"是经常要的意思；"鼓励"意为激发、勉励，使之精神振作。本文中"勤于鼓励"就是要经常激励孩子，使之积极上进、奋发有为。

法旨：本法旨在让家长知道对孩子赞赏、肯定的重要性，以及家长如何鼓励，才能让孩子更加自信和乐观向上。

亲子关注 >>>

生活中，有些父母由于不相信孩子的能力，而阻止孩子做某些事；也有些父母由于恨铁不成钢，只要孩子做事的结果没有达到他们的要求，他们就不会肯定、认同孩子。"你懂什么""你根本不行"是许多家长常挂在嘴边的一句话，殊不知，这是伤害孩子自尊心、自信心的最恶毒的语言。那么，父母应该如何做，才能让孩子体验被肯定的感觉，从而更加乐观向上呢？

案例聚焦 >>>

Case A ——

一个孩子在网上给我留言诉苦道：

自小爸爸妈妈总是特别小心地呵护我，以至于14岁的我什么也不会做。前不久，在我家里发生的一件事情，深深地刺痛了我的心。我意识到不能再这样下去了，我的生活应该有所改变，而不是懦弱地任凭父母摆布。

事情是这样的：那次家里的电脑中了很严重的病毒，不断地出现死机，为此爸爸非常着急，要抬着机箱去电脑城修。我那时候在学校的计算机课上刚好学到了给电脑做系统，于是我对爸爸说，我可以帮他修电脑。可是爸爸却很不屑地说："你一个小孩子能干什么？别瞎捣乱了，我还要赶时间呢。"我家住在东环路，离修电脑的地方很远，于是我恳切地对爸爸说，我一定会很快修好的，只要去楼下的音像店买个系统盘就行。可是，即便这样，爸爸也不为所动，甚至还有些生气地说我耽误了他的时间。

结果是，他花了一下午的时间才把电脑修好，而我在家郁闷了一下午……

人都说经常犯错误的孩子才不被人相信，可是我并没有啊，从小到大，我在学校不惹老师生气，在家里听妈妈的话，可是不知道为什么，爸爸妈妈就是不信任我，不曾放手让我去做事情，所以我一点都不快乐。我承认，很多东西我都不会，可是凡事都有第一次，不是吗？他们连试一试的机会都不给我，我又怎么能长大呢？我做梦的时候都向往着，有一天我的父母可以对我露出赞许的目光，跟我说："儿子，这件事就交给你了，相信你能行！"

Case B ——

一个小女孩在给东子的信中说：

"我是一名小学五年级的学生，长这么大，爸爸妈妈总是说我的不足，我在他们眼中很不中用。

家教兵法

"就说我喜欢的画画吧,从上小学一年级的时候起,我就喜欢上了画画。我虽未参加过美术培训班,但是我比我班同学画得都好。我们美术老师常常夸我画得好,我的美术作业全都是'优'。可是每当我把自己中意的画拿给爸爸妈妈看的时候,他们总是叫我去学英语,说画画有什么用,浪费时间,他们甚至看都不看我的画一眼。

"为此,我非常难过,我多么希望得到他们的肯定,哪怕是一句'画得不错'也会比无数个'优'让我开心,可是没有。就算是他们心情非常好的时候,也只是随便地扫一眼后说,赶紧去背英文单词吧。

"其实,不只是画画,我上幼儿园的时候,非常喜欢剪纸。一张白纸,能剪出各种各样的图形来,我感觉很有趣。那个时候幼儿园老师教我们,她教一种,我能剪出两三种来,老师夸我是个心灵手巧的孩子。可是每次回到家里,当我把我的作品给妈妈看的时候,我的心就会受到一次次的打击。妈妈说我把好好的纸剪成一个洞一个洞的,难看死了。

"我现在已经记不起那时候剪的作品到底有多难看了,只知道在妈妈的多次嘲笑后,我再也没有剪过纸。东子叔叔,您既是家长又是教育家长的专家,您能告诉我怎么才能让父母对我有所肯定吗?"

东子热线 >>>

"我们不想在否定中长大!"这是很多孩子共同的心声,一句简单、稚气的话语,道出了孩子渴求被认可的强烈愿望。

孩子的心灵是脆弱的,他们希望得到支持和理解。每一句鼓励的话语,都会使孩子信心百倍;但是一句粗暴的呵斥,足可以使他们的尊严受到极大的伤害。轻易地否定自己的孩子,对他们的能力表示怀疑,是对孩子心灵的摧残。这个爱画画的小女孩的例子告诉我们,家长不可以轻易否定孩子,否则会严重打击孩子的自信心,破坏孩子的人格完整。

但在现实生活中,有很多父母却总是在否定孩子,爱用自己孩子的短处与别人家孩子的长处比较，他们的口头禅是"你瞧人家！"，长此以往，于否定中长大的孩子，在日后的生活中对别人总是充满敌意，而且容易自暴自弃。

爱迪生小时候被老师列入"笨孩子"之列，但他母亲一直在鼓励他，说他会成功，终于，爱迪生成了一位伟大的发明家。其实，每一个孩子都可以成才，只是我们许多家长缺少发现、培养的方法，而使自己的孩子与"天才"擦肩而过。

记得看到女儿依依写的第一张留言条时，我就毫不吝啬地把赞赏送给了她。当时我的赞赏绝对不是出于鼓励依依，而是发自内心的，我觉得孩子很了不起，没认几个字呢，就有了使用文字交流的意识，实在是很难得。在我的鼓励和欣赏下，依依喜欢上了写留言条，从几个字到几十个字，再到给我们写信，依依写下来的文字越来越多，也越来越流畅。

带着微笑大声朗读依依的"作品"，是我对孩子表示赞赏的最直接的方式。从依依写下第一句话开始，我就成为她的第一个读者，而且是最"忠实"的读者。只要依依把她写的东西拿给我看，无论写的是什么，也无论写得多蹩脚，我都要从头到尾大声朗读，遇到哪句话写得很好，我会再重复一遍，而且不忘夸奖："嗯，这句写得好！"只要捕捉到文字中的闪光点，我就不遗余力地给孩子以充分肯定的评价，让孩子享受到成功的喜悦和写作的快乐。

依依9岁时的一天，突然有了写诗的雅兴。从来没有写过诗，更不知道如何写诗的她，在晚饭后顾不上看自己喜欢的动画片，趴在桌子上冥思苦想，写下人生第一首诗《太阳》：

　　太阳，如果一旦失去你
　　就没有天上飞的鸟，地下跑的兽
　　太阳，你和所有的生物的生命都密切相关
　　如果失去了你，花儿枯萎，鸟儿遭殃，人类也无法生存

太阳，你为人类作出了贡献，人类永远也忘不了你

当她兴致勃勃地把这首诗拿给我看时，我依旧大声朗读了一遍，然后大声称赞她："宝宝第一次写诗，就写得这么好，真棒！相信你以后一定会写出更好的诗来！"

第二天，我把这首诗只字未改地贴到了我为依依制作的网页上，让登录她网站的人都能看到她的处女作。妻子一开始还阻拦说："依依那也叫诗啊？别再让别人看了笑话，还是免了吧。"我坚持："这是依依真实的成长记录嘛，谁也不是天生就会写诗，那些大诗人生平的第一首诗，说不定还赶不上咱们依依写的呢。"依依很开心："呵呵，爸爸喜欢我写的诗，我的诗都可以贴到网上展览了……"

后来依依又陆续写了好几首诗，每次我都要加以评价，当然表扬得多，赞赏得多，**纠正、引导的工作尽量做到"无痕"**。依依说，每当自己完成一篇作文后，得到爸爸妈妈的赞赏，心里总是美滋滋的，会觉得写作文真是一件快乐、开心又轻松的事情，自己真的是很棒！所以，孩子才16岁就已经出版了4部书。

作为家长，如果总是以挑剔的眼光看待孩子，就常常会有意无意地去批评、指责，甚至打骂孩子。因为你对孩子的期望过高，当孩子达不到你的要求时，你会感到为人父母很失败，感到自己不好，而你常会把对自己的愤怒向孩子投射，好像都是他的错，因而你就会去否定孩子，进而演变为孩子的自我否定。**总在否定中成长的孩子长大后会对自己或别人吹毛求疵，会产生自己不配做某件事或不及别人的感觉，而且做事经常拖延，不知如何达到目标。**

孩子和大人一样，也需要自尊和自信，这对于孩子形成健全的心理是十分重要的。那些经常遭到父母否定的孩子，通常长大后会变得犹豫、怯懦；而那些自幼就受到父母积极肯定和鼓励的孩子，做事往往干脆利落，充满自信。所以，父母一定不要总是否定孩子，以免在孩子幼小的心灵里

留下阴影。

汽车奔跑需要加油，孩子成长需要激励，需要赏识。

家长信任孩子，放手让孩子去做，就是对孩子的肯定，它所带来的结果是：你收获了一个乐观自信、勤勉、动手能力强的孩子。试想，如果家长一开始就担心孩子做不好而去否定他，他还会热心于自己动手吗？还会收获快乐与自信吗？所以，如果这个爱画画的小女孩的家长，不是总否定孩子，而是能够给予她必要的肯定，将来这个孩子可能会成为一个出色的画家。即便不能，孩子的自尊和自信得到了很好的维护，她也该是一个乐观自信的人，这可比多学一些课本知识、多考出几分重要得多。

为孩子创造了什么样的环境，孩子就会发展为什么样的人。如果 Case A 中这个男孩的家长，不是急于去电脑城修电脑，而是让自己的孩子先尝试着找找原因，动手修一下，其结果会大不一样。一种可能是也许孩子通过努力真的就把电脑修好了；另一种可能是没有修好；还有一种相对糟糕的结果，孩子把电脑修得更坏了，但如果事先作些备份，后一种的可能性很小。其实，即便如此，如果通过这件事给予孩子信任，从而收获一个阳光、自信的儿子，电脑损坏了又怎样？难道儿子不比电脑更重要吗？况且，孩子还有把电脑修好的可能性，只是耽误您一点用电脑的时间。所以，我们的家长要信任孩子，要给孩子机会。不一样的做法，会有不一样的结果。

信任是力量的源泉。

早在半世纪前，陶行知先生就指出："教育孩子的全部奥秘在于相信孩子和解放孩子。"我们通俗地理解就是要赏识和信任孩子。

信任是人与人之间的一种道德关系，朋友之间、同事之间贵在信任。在家庭里，父母与子女之间，也同样需要信任。作为父母，给孩子以充分的信任，孩子就会乐观自信。

信任孩子，会让孩子认为是父母对他能力的认可，是父母对他莫大的肯定。因此，没有哪个孩子愿意辜负这种信任。于是，这种信任便转化为孩子努力做好这些事情的巨大动力。

家教兵法

"你懂什么""你别瞎胡闹""你根本不行"是许多家长常挂在嘴边的一句话，殊不知，这是伤害孩子自尊心、自信心的最恶毒的语言。每当孩子听到它，都会泛起难言的苦涩：父母都不信任我，我还有什么前途？孩子甚至会因此而自暴自弃、一蹶不振。所以说，信任是孩子成长的最佳"滋补品"。

人是需要肯定的。关注、安慰、鼓励、表扬、赞赏、信任这些都是肯定。他人的肯定会让我们更加自信，对孩子尤其如此。来自家长和老师的肯定尤为重要，这种肯定于孩子而言就是一股强大的力量，这股力量可以帮助孩子跃过一道道路障，踏上人生的坦途。

第16法　赞其优长——首肯孩子的闪光点

释义："赞"是赞扬、赞赏；"优长"是优点和长处。"赞其优长"是指家长要善于发现孩子的长处、优点，并能够赞扬这些长处、优点。

法旨：本法旨在告诉家长不要一味地盯着孩子的不足，而是要更多地发现孩子的长处，并给予孩子必要的赞赏，使孩子更加乐观自信。

亲子关注 >>>

父母都希望孩子成龙成凤，他们总是怀着急切的心情希望自己的孩子比别人的孩子强，于是他们总盯着孩子的缺点不放，只要孩子达不到他们的要求，他们就横加指责，而对孩子的长处却总是熟视无睹，于是，孩子就会变得犹豫、怯懦、自卑、恐惧。那么，父母应该如何对待孩子的长处与短处，才能使孩子更加乐观自信呢？

案例聚焦 >>>

Case A ——

我认识这样一个小学生，用他自己的话说他是个"差等生"，因为他考试总是不及格。爸爸妈妈总是指责他，"你怎么就不知道上进呢？""考不上好中学，将来怎么办？""你自己就不上火吗？"……

以前这孩子常去妈妈的单位玩儿，那里的叔叔阿姨都很喜欢他，动不动就向妈妈夸他懂事、有礼貌。可是孩子妈妈却从未表现出喜欢他，每当别人夸他时，她常常说："只可惜，学习太差，以后不可能有什么出息。"听妈妈说出这样的话，孩子心里相当不是滋味，因此暗暗发誓，要做出点成绩给妈妈看看。

于是，这个学期，男孩参加了班级干部的竞选。一般的班级干部都要求学习好，所以，他没敢直接报名，而是私下征求了老师的意见。老师了解到男孩的心思后，很赞赏，但碍于学习成绩的原因，让他申请做文艺委员。班级选干部，采取不记名投票。因为男孩在班级里的人缘一直都很好，所以他的票数较高，和他竞争的两个女生都败北了。这么光辉的一幕，男孩自然要和爸爸妈妈炫耀一下了，可惜没成功，因为他们根本不觉得这是什么荣耀的事。

"有本事你当班长啊！"这是孩子爸爸听完后说的第一句话，接下来就是一阵唠叨，对男孩的学习状况进行第N次的总结、批评和消极展望，孩子顿时像泄了气的皮球似的……

Case B ——

一个读过女儿范姜国一作品的女孩，在给东子的信中说：

"东子叔叔，您好！自从我上初中，爸爸妈妈就再没表扬过我。我上小学的时候，学习一直还不错，担任班级的班长，是老师的得力助手。可上了初中，学习变得紧张起来，爱玩爱说的我，成绩只能排到班级的中等。

"爸爸妈妈不乐意了：'你这孩子，整天就知道瞎折腾，一个学生，要以学习为本……'看见自己成了中等生，一贯高高在上的我有跌下来的感觉，即使爸爸妈妈不说，我也会努力学习的。虽然我的学习成绩不好，但是我也有自己的强项。

"期中考试过后，学校开始举办艺术节，艺术节有很多的比赛项目，比赛以班级为单位，喜欢表现的我，报了最能体现个人素质的项目——演讲。预赛的时候，我们语文老师还鼓励我，说我一定能冲进决赛。因为有小学打下的良好基础，我成功地进了决赛，并取得了第二名。

"那天，我特别开心，因为裁判长宣布，演讲比赛的前两名，会成为艺术节的重头戏——新年联欢晚会的主持人，我甚至可以想象到，自己站在舞台上，面对着全校师生的样子，那一定是我人生中值得纪念的一刻。我把这个好消息告诉了妈妈，希望她能分享我的快乐，顺便给我增加一些信心。

"但是妈妈却说：'又在瞎折腾了，再有一个多月就期末考试了，你还不好好复习，看你期中考试的成绩，像什么样子……'听到她的话，我有种伤心的感觉。但是，这更加坚定了我要做好主持人的信念，好让她知道，我不是'瞎折腾'。

"新年联欢晚会后，很多同学都说我主持得好。老师也表扬了我，说我应变能力强，口才也很好，夸得我心里美滋滋的。晚上回到家，我把我的完美表现，绘声绘色地告诉了爸爸妈妈，可是爸爸妈妈却轻描淡写地说：'既然表演完了，就抓紧时间学习吧。'

"真是想不通，他们为什么不能顺便表扬我一下呢？就算学习成绩不是很理想，可是我有这么闪光的优点，他们应该为我骄傲才对呀，班级里的同学，都很佩服我的口才和演讲水平，为什么自己的爸爸妈妈连一句赞赏的话都没有呢……"

东子热线 >>>

如果按当下应试教育的说法，案例中的两个孩子，一个是"差等生"，一个是"中等生"，但是这两个孩子都有闪光点，他们的品行和综合素质都很棒。可只因学习不好，这些孩子就成了姥姥不亲舅舅不爱的主，他们常遭父母的白眼相待。

东子一直认为，关于"差等生"的提法本身就是错误的。"优"与"劣"永远是一个相对的概念。没有天生的"差等生"，只有"天生有差异的学生"。 孩子无知无识地来到这个世界，他的一切社会性都是成人给的。

所谓的"差等生"差的仅仅是学习，而学习只是孩子成长的一部分，纵观人的一生，品行和能力要比学习重要得多。这些学习差的孩子，品行一定差吗？绝大多数不是的，相反他们的品行可以说很好，他们往往比那些学习成绩好的同学更乐于助人，更关心集体，更心胸开阔……

人无完人，同样也没有一无是处的人，每个人都各有所长，都有闪光点。如果以其长而论，那他就是"优等生"，尤其对于这些尚处在发展阶段的孩子来说。改变旧有观念，"差等生"就不差了。

案例中这两个孩子的家长，看不到孩子的长处，却揪住孩子的短处不放，而且放大其短处和不足，是极其不明智的做法。

孩子感慨的没错，是啊，表现得这么好，父母为什么就不表扬一下呢？

我理解孩子的苦衷，而家长的不可理喻似乎我也应该理解。所以，要打板子还要打到"应试教育"上去。我们想想，如果不是这只要分数的应试教育制度，家长会这样眼睛只盯着分数吗？孩子取得了某方面的进步，家长又怎会不高兴呢？每个家长都希望孩子快快乐乐地成长，孩子快乐了，做家长的当然高兴，可是在这样的教育大环境下，他们高兴不起来。当然，家长的盲从无知，也是有一定责任的。

前些年我在大学讲授过口才课，我开篇的第一句话就是："人才未必有口才，而有口才的人一定是人才。"这话到今天依然适用，口才是才能，它是一个人综合素质的体现，涵盖了表达能力、沟通能力、协调能力等诸多能力。所以，能拥有一个口才出众的孩子，该多让人羡慕。

可是 Case B 中的这两位家长却让应试教育蒙住了双眼，不仅不去欣赏、鼓励孩子，而且还打击孩子，这是何等的无知！孩子今天站在学校的新年联欢晚会上可以表现得完美，谁又能断定若干年后她不会站在央视春晚的舞台上呢？

对于孩子，没有什么不可能，每个孩子的未来都有无数可能。

从案例中，我们还可以看到，这两个孩子具备很好的社交、组织和协调能力，否则他们就不会击败竞争的同学，得到老师和大家的认可而分别成为班级干部和节目主持人。一个通过竞选脱颖而出的孩子，即便各科都考零分，他也是有闪光点的，否则就不可能得到师生的认可和赞赏。我想，这两个孩子的闪光点绝不止这些，只要家长善于发现、及时挖掘就会有很多。如果家长换个视角看我们的孩子，个个可爱，人人有所长。

每个孩子都有各自的特点，就像世界上没有两片相同的树叶那样，世界上没有两个完全相同的孩子。有的孩子好静，有的孩子好动；有的孩子喜欢文科，有的孩子擅长理科……这些都是孩子各自的特点。可是，我们往往会给那些好动、贪玩、偏科、总分不高的孩子，贴上"没前途"的标签。

教育的一个重要原则就是重视差异性。具体而言，就是别把孩子的特点当缺点，而是要及时发现孩子的特点，并加以引导，使之成为孩子的特长，再进一步帮助孩子发展其特长，使特长成为强项，这样孩子才会离成功更近。所以，家长要善于发现孩子的长处，并鼓励他们展示自己的优势，点亮孩子心灵深处那盏自信的明灯。

每个人都有所长有所短，也许在这方面不好，而在另一方面很出众。无论啥样的孩子，总有他耀眼的一面。就说说上面案例中的两个孩子吧，如果单拿出一科比较，他们不仅不是差等生，可能还是优等生呢。

即便孩子的确在读书上没有天赋，而在体育、音乐、绘画等某一方面有天赋，我们为什么非要逼迫孩子去死读书呢？条条大路通罗马，成功的

家教兵法

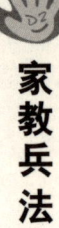

路有无数条，我们要走的应该是最适合自己的。

去理解我们的孩子吧，多发现孩子的一些优点，多给予他们一些关爱、赞赏，纵然成绩一般，孩子也会灿烂如花。

第17法 褒不过极——赞赏孩子把握分寸

释义："褒"是赞扬、夸奖的意思；"极"是指顶端、尽头。"褒不过极"就是对他人的赞赏不可以过头；本文是指家长对孩子的赞赏要适度，把握好分寸。

法旨：本法旨在让家长知道过度表扬给孩子带来的危害，让家长学会如何正确地赞赏孩子，避免使其产生骄傲自满的自负心理。

亲子关注 >>>

生活中，有些父母很吝啬对孩子进行赞赏，而有些父母则是把赞赏应用得"淋漓尽致"，动辄就会对孩子大放溢美之词。这两种情况都不利于孩子成长，前者孩子体验不到成就感，可能会自卑；后者父母滥用赞赏，孩子可能会出现自信心膨胀。那么，父母应该如何科学地表达对孩子的赞赏，才能使孩子健康成长呢？

案例聚焦 >>>

Case A ——

星期天的早晨，阳光灿烂，小区的草坪已被春风染成绿色。一阵电话铃声响起，使得小旭从睡梦中惊醒，妈妈赶紧接起电话，原来是儿子的同学打过来的。他与儿子同班，也在这个小区里住，与儿子几乎形影不离。同学约小旭下楼去玩，儿子一听马上起来，饭也不吃就要往外跑，结果被妈妈拦了回来，妈妈进厨房把早餐给小旭端了出来。

"我不吃，来不及了。"儿子大声说道。

"不行，妈妈喂你吃。"妈妈说道。

拧不过妈妈，小旭只好坐在餐桌前。"再来一口，儿子你真棒！"在妈妈不停的夸奖声中，儿子终于吃完了早饭。儿子虽然刚刚6岁，但对表扬之词相当敏感，只要一听到溢美之词，一张小脸立刻神采飞扬。所以，妈妈经常会表扬儿子："你真棒！你真了不起！"

可是最近，妈妈发现儿子的自信心不断膨胀，他总觉得自己比别人强，在其他孩子面前表现得很霸道。儿子跑出去玩了，妈妈在家看电视。可一集电视剧还没看完，儿子居然跑回来了，妈妈觉得奇怪，问小旭："怎么不和同学玩了？"小旭回答："我把他推倒了，他不跟我玩了。"妈妈问："你为什么推同学啊？"小旭说："他不听我的话。"

Case B ——

一个年轻妈妈说：

"听说现在时兴'大拇指'教育，父母要经常伸出大拇指，告诉孩子'你真棒'。孩子刚开始学看图写字时，只能写上一两句，但不管他写得怎么样，我都会大放溢美之词：'哇，太好了！你写得真是太棒了！''你真是太有想象力了！'儿子的劲头果然越来越足，每次写作文都是下笔百言。

"不久，他在全校看图写话竞赛中得了二等奖。我本来不太看重这些奖项，但是为了鼓励儿子，我就故意当着他的面，向人宣扬。有时，我忘记了说这事，儿子还会提醒我：'妈，说说我获奖的事！'在大家的夸赞下，儿子非常得意。

"我本以为他会乘势而上，再接再厉，没想到不久之后，他就不肯动笔了，说写不出来。我很着急，在一旁给他打气：'你看你写得多好啊！全校那么多学生，能获奖的才几个人，你是二等奖呢，你的作文写得太精彩了！'可儿子仍然不动心。

"直到有一天，我发现他竟然在书上抄了一篇作文交给老师充数。到底出了什么问题？难道我的教育方式有问题吗？"

东子热线 >>>

凡事有度，过犹不及，这就是古代圣贤所提倡的中庸之道。家长知道赞赏在孩子的成长中是不可缺少的教育手段，但如何把握尺度，怎样使赞赏起到应有的作用，需要家长准确地把握。赞赏不是万能的，只是一种辅助手段，家长只有掌握了合理的使用方式和技巧，才能帮助孩子养成良好的行为习惯，树立正确的价值观；如果应用不好，不仅起不到应有的作用，反而会产生负面的影响。

美国斯坦福大学一项针对本校150名学生的研究显示，受到过度表扬的学生往往不愿承担风险，不愿付出努力，自我激励少。该校心理学家卡罗·德威克及其团队，在过去的10年里，选取了纽约十几所小学的400位学生，作有关表扬对学生的影响的研究。通过多年的系列追踪试验，他们发现：被过度表扬的孩子，将维持自己的聪明形象变成了头等大事。他们变得不愿意冒险尝试没有把握的事情，也不愿意承受失败的风险。

赞赏过多或过少都是不可取的，随时给以赞赏，会降低它的含金量，来得太容易，孩子反而觉得没有动力；赞赏过少，孩子得不到家长的认可，缺乏自信，也会减少动力。幼儿时期，只要孩子取得一点点进步，就要给孩子一些表扬和肯定，这对孩子性格的形成有重大影响，可以更好地促进孩子的发育。孩子年龄稍大一些，对周围世界有了更多的认识，家长再不断地用这种方式，已起不到原来的作用，这时候就可以适当减少赞赏。

很多人信守"好孩子是夸出来的"这一信条，一味地夸孩子，有时也会让孩子觉得失真，是在哄骗他做事情，反而让孩子有一种抵触心理；或是做完事情得不到夸奖就情绪低落，效果并不尽如人意。其实，如果对孩子一味地夸奖，这不仅不会收到好的效果，有时还会适得其反。

英国作家塞缪尔·约翰逊说过："赞扬，像黄金钻石，只因稀少而有价值。"

父母如果因为孩子完成一些力所能及的或琐碎的小事就大加赞赏，会令孩子产生消极情绪。孩子出于内在的兴趣或进取心而表现出好的行为时，家长若给予孩子过多的表扬，反而会削弱孩子的兴趣和上进心。

如 Case A 中的这位妈妈就有几点错误：孩子已经完全能够生活自理，妈妈还在喂他吃饭，这种做法本身就是错误的；表扬时机不对，吃饭明明是孩子应该做的力所能及的事，这样反而使孩子养成坏毛病；夸奖用得过多，已经泛滥，使孩子产生自负心理，认为自己比别人强，自己的话就是命令。

而 Case B 中的这位家长的赞赏，既夸张又不真诚，完全是为了赞赏而赞赏，这样自然达不到预期效果。孩子写得好，只告诉他你写得很好，或者比上次还好，你会写得更好，就可以了，而没必要像背台词一样总说"你太棒了""你真了不起"。

对孩子，并不是事事都要赞扬，也并不是赞扬得越多越好。称赞不当的结果是使孩子产生紧张的情绪和恶劣的行为。把表扬的重心调一调，夸孩子的天资，不如夸他们的努力。努力，才是孩子建立扎实自信心的基础。

所以，家长在赞赏孩子时，要注意以下几个问题：

第一，对幼儿赞赏要及时。及时表扬幼儿，可以使他的行为得到很好的强化。如孩子将他喜欢吃的东西分给你，家长要及时表示赞扬，"宝宝真棒，有好吃的想着我"，可以附带肢体语言。

第二，赞赏的态度要真诚。**家长要从心底由衷地赞叹，而不是为哄孩子高兴而随便说说。再者表扬应具体，针对某一具体行为提出**。记得看过这样一个故事，一国人到国外朋友家去做客，落座后，朋友家的女儿热情地为他拿水果、倒水。国人说了一句："你真漂亮！"主人听后很生气，要国人道歉。她辩解道："我是在赞美她啊。"主人说："她长得并不漂亮，你这样说是对我女儿的侮辱，你应该表扬的是她对人有礼貌，而不是她的相貌。"

第三，实事求是，不带夸张色彩。如有个孩子很喜欢书法，在家练习的时候，家长便夸："孩子你真厉害，写得太好了，在学校肯定是第一名，将来也能成为书法家。"没想到，孩子在学校的书画比赛中并没有取得名次，这让孩子很受打击，并对书法失去了兴趣。做父母的，千万不要以为孩子就是那么好哄骗的，你说的话几分真几分假，孩子心里也有数呢。赞扬太过，他会觉得父母没有诚心，很虚假。时间长了，他很可能根本不把这些称赞的话放在心里，也会对父母产生心理上的反感和排斥。

第四，赞赏要适度、适时。赞赏孩子，对于帮他们建立自信是非常有用的，但是过度、过分的赞扬，往往让孩子产生一种错觉：觉得自己就是最好的，或者自己做事总是做得很好。于是他们看不到自己的缺点，也不能正确认识自己所做的事，将来也难以经受挫折和批评。受到过分赞扬的孩子，将来对自己是不能有清醒的认识的，也不能虚心接受别人的批评或意见。

第五，赞赏方式要恰当。孩子的年龄、性别、性格、爱好不同，其所需的表扬方式也不尽相同，如小孩喜欢父母的搂抱和爱抚，而对稍大的孩子，一个特定的手势、一个微笑、一个眼神都是赞赏的方式，所以应因人而异。赞赏的方式长期重复也会失去效用，所以表扬也应注意要有新意。

第六，赞赏形式要多样。一般而言，赞赏大体分为精神赞赏与物质赞赏。亲吻、拥抱、鼓掌、口头表扬、奖品等，要根据具体情况使用，物质奖励不要过多，否则孩子会养成做事讲条件的毛病。

我们不能让孩子在受责备的环境中成长，但是也不能让他们整天泡在甜言蜜语里。不要吝啬，去赞赏我们的孩子吧；不要过格，因为赞赏只是对孩子努力的肯定，只要给予恰当的那么一点点就足够了。

第18法 乐及众乐——及时分享孩子快乐

释义:"乐"是指快乐、开心,"众乐"指的是大家都快乐。"乐及众乐"就是一个人的快乐让大家来分享,由此可以给很多人带来快乐;本文是指家长要分享孩子的快乐,让孩子有满足感。

法旨:本法旨在让家长知道分享孩子的快乐也是对孩子的一种肯定,以及家长应该如何分享孩子的快乐,才能使孩子更加自信。

亲子关注 >>>

生活中常见到这样的情景:当孩子兴致勃勃地跟父母讲述自己的成功时,父母要么不以为意,要么麻木不仁,更有甚者训斥孩子得意忘形,这不仅消减了孩子的快乐体验,也不利于孩子建立自信。因为这些成功在成

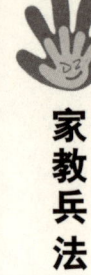

人眼里虽然毫不起眼,但是于孩子却是天大的胜利。那么,父母应该如何做才能分享孩子的快乐,让孩子更加自信呢?

案例聚焦 >>>

Case A ——

一个刚上初中的女孩在给东子的留言中写道:

上了中学,随之而来的就是学习任务增加了几倍,这对我来说,真是困难重重,尤其是英语。小学的时候因为贪玩,我的英语就没有及格过,到了初中知识越学越深,我的底子又薄,便更显吃力了。但我现在信心满满,越是吃力,我就越努力,因为我相信,只要努力,就一定会有进步。

今天我就证明了这一点,我的英语真的进步了,哈哈。

上早自习是我一天中最紧张的时刻,因为我们的班主任(她是英语老师)每天早上都要抽考英语,抽考就是她随便叫起一个学生,用英文提问,请学生回答。我之前也被叫到过两次,但因为我的英语水平实在是太差了,只能对老师说"sorry"。可是今天不一样,老师提的两个问题,我全部都回答得很好。

"Very good."老师对我点点头,并附带了一个甜美的微笑。对于一个连英语考试及格都困难的人来说,这句话简直就是天大的"奖赏",它给我带来了一天的好心情。可当我蹦蹦跳跳地回到家,高调地把这件事宣布给爸爸妈妈时,妈妈正忙着在网上"收菜",她连头都没抬一下,爸爸也只是敷衍我一句,然后继续看报纸。我以为他们没明白我在说什么,就又重复了一遍,并把"英语"两个字说得很大声。这次妈妈倒是有反应了,她不耐烦地说:"别吵吵了,该干什么干什么去。"这句话像一盆冷水一样,浇得我的心冰凉,又似一阵狂风,把我的喜悦吹得无影无踪。

我问我自己,究竟是哪里不对呢?难道学习进步了不值得高兴吗?我没想从他们那里要奖励,就是觉得那是我的父母,我进步了,应该和他们分享，让他们开心。因为平时，就算是普通朋友有什么好消息、有快乐要和我分享，我都会觉得很开心。

或许在我的父母看来，我那点小快乐太微不足道了吧，可是那对于我来说，却是无比开心的事情。他们是我最亲最爱的人，我的进步，我的心情最想和他们分享了，可是他们看上去似乎并不乐意分享我的快乐，我的心里很难受……

Case B ——

一位在小学当体育老师的家长，在他的博客中这样写道：

一天，我给一年级的小学生上体育课，刚到操场的甬道上，就看到一个孩子手里拿着跳绳向我跑来，结果跑得太急，孩子被绳子绊倒了，哭了。我蹲下来帮他拾起绳子。他突然记起要告诉我的喜事，便破涕为笑："老师，看，我爸给我买的新绳子，和他们的都不一样！"我看到他天真的笑脸，真诚地说："真不错！好好地练习，你一定能跳得最好！"听了我的称赞，孩子爬起来就跑回去排队了。

这个班有一个智障女孩。女孩的运动能力很差，立定跳远只能跳到不足30厘米，因此对这个女孩子学习跳绳的技术，我从没有奢望过。练习跳绳大约快1个月的时候，她跑到我的面前对我说："老师，我会一种跳绳方法，你会吗？"我故意惊讶地说："是吗？那你跳给我看看！"接着她就认真地跳起来，只见她努力地向上跳一下（跳的高度也不到10厘米），把绳向前使劲地绕动，接着又努力地向上跳一下，再将绳使劲地向后绕动，可是，她一次也没有成功地将跳绳从脚底绕过。

但面对她的热情，我却不能将"你跳得不对"这句话说出口。因为我知道，正确的跳绳方法对她来说太难了，难到可能她一辈子都学不会，所以我就鼓励她说："你跳得真不错，好好地练习，一定会成为一个小跳绳高手。"听了我的称赞，她高兴地跑走，去向自己的同学炫耀她独创的跳法了。

东子热线 >>>

Case A 中的家长真是一对麻木的夫妻,一对不了解孩子心理的父母。在他们看来,孩子的一点微小进步是不足为道的,只有孩子有了惊人的成就,才值得去分享。他们忽略了一个重要的问题,那就是分享本身是尊重,是肯定,同时也是一种奖赏,尤其是家长对孩子快乐的分享。

一个人最大的开心,不是遇到让他开心的事情的时候,而是在他开心的时候,有人回应自己,那么他的开心就有了更强烈的延续。当孩子因为自己的进步而开心的时候,你若和他一起分享这种快乐,那么孩子会因为感受到你的这种快乐而受到更大的激励,从而激发他更大的前进动力。

所以,当孩子兴致勃勃地把自认为高兴的事情告诉我们的时候,我们千万不要流露出麻木,或者不以为意的表情,那样会残酷地消减孩子对快乐的体验;而是要做出和孩子同乐的样子,分享孩子的快乐。

谈到这里,我想起曾经发生在我和女儿依依之间的一件事。

依依7岁的时候,一天放学回来,她在楼下按门铃。我接听后,给她开了楼下的电子门,她却在楼下对着大门上的对讲机急不可待地冲我喊:"爸爸,我要告诉你一大喜讯,天大的喜事!"也不知道是怎样的大喜事,依依竟等不到上楼再说。

考虑到楼下太冷了,我说:"还是上楼进屋再说吧。"放下话筒,我就想是什么喜事让孩子高兴成这样呢?被老师表扬了?获什么奖了?交到新朋友了……

这时,依依急匆匆爬上楼,气喘吁吁地站在门口,脚刚踏进屋就喊:"爸爸,你猜我有什么大喜事?"我就把刚才想的一个个说了。依依一遍遍地摇头:"错错错,都错,我告诉你,我踢毽子能连踢3个了!"

"什么?!"

她眼睛笑成了一条缝,并再次大声地说道:"我踢毽子能连踢三个了!"

我暗笑:就这天大的喜事呀?但我的脸上还是瞬间漾出惊喜,和依依一样如获至宝般的惊喜。"真的？祝贺你！"我朝依依竖起了大拇指，并顺势给了她一个热烈的拥抱，把我的爱和对她取得如此"重大的胜利"的赞赏，都通过这个拥抱传递给了她。

依依兴高采烈地说，她以前只能踢一个，练了很久了，也没能多踢一个，没想到今天竟然踢了三个。她以前一直是班里踢毽子踢得最少的，现在已经超过了那三个只能踢两个毽子的同学！

想一下，在成人眼里，这简直就是鸡毛蒜皮的事，根本不值得如此大惊小怪，可在一个7岁孩子的眼里，这就是一个巨大的成功，一次值得高兴和庆祝的胜利。如果我们做父母的对此不当回事，甚至训斥孩子疯疯癫癫、不稳重，势必会打击孩子的兴奋情绪，消减孩子对快乐的体验，更不利于孩子建立自信。

很多时候，在成人看来，一点不起眼的成功，于孩子眼里就是天大的胜利。这时候，父母一定要和孩子一样表现出喜悦，给予他们鼓励和赞赏。

如果快乐没有人分享就是一种惩罚；反之，分享别人的快乐就是对别人的一种给予，就是给别人的一种爱。如果我们乐于分享孩子的快乐，孩子就会取得更大的成功。

我的一个战友，他女儿有一天兴高采烈地对他说，她今天画的画得到老师表扬了，结果他表情僵硬地"哦"了一声，没有任何态度。孩子失望至极，从此对画画失去了兴趣。由此可以推论，如果在学习上、工作中，孩子取得了成绩，家长依旧如此轻描淡写、不当回事，孩子也会对学习、工作失去兴趣的。

快乐无小事。对于孩子来说，"我搭了一个神奇的城堡""我修了一座长长的桥""我的车子能飞快地在路上走""我发现我们种的豆子长高了"……这些都是值得快乐的事，当孩子们把这些讲给家长听时，眼睛里呈现的都是喜悦。毫不夸张地讲，孩子是很容易满足的，一点点变化和体验都会让他们激动万分。有心的地方就会有发现，有发现的地方就会有欣赏，有欣赏的地方就会有快乐，而快乐是不会因为事情的大小程度而受限的。

孩子的任何进步、任何成功，我们做家长的都要分享。您的分享会让孩子更快乐，会激起孩子更加浓厚的兴趣去探索、去追求……

Case B 中的那个小学老师非常了不起，是一个善于分享孩子快乐的好老师。他与第一个孩子分享了有新跳绳的快乐，又与第二个孩子分享了创新的快乐。其实，这样的故事无论是在校园里还是在家庭里，几乎天天都会发生。因为每个孩子都想把自己的快乐与老师、家长分享，每个孩子都想得到老师和家长的欣赏和奖励。这时，老师和家长给孩子的哪怕只是一句赞美、一个微笑，孩子就会感到心理满足，这是一种积极的情感体验。

这种体验会产生一种继续追求获得满足的心理需要，产生新的动机和兴趣。这时，他们就会像小鸟依人一样依偎着你，因为你在他们的心中，是一个能理解他们心意的好爸爸或好妈妈。所以，我们的家长要善于分享孩子的快乐，让孩子的快乐得以无限地延伸……

第四篇 惩罚法——怎样批评，孩子才爱听

生活中，有些家长在孩子犯错时，不是就事论事，而是骂孩子"笨""没出息"；也有些家长平时对孩子一味妥协、纵容，实在忍无可忍了就进行"棍棒教育"，甚至喜欢揭老底、翻旧账；还有些家长不以为然，认为孩子还小、不懂事，长大就明白了。家长们对待孩子错误的态度可谓五花八门，对错误的惩戒也是形式多样。那么，这些态度和方式是否科学、可行呢？

第19法 恶小不为——孩子小错不容迁就

释义:"恶"表示不好的、凶狠的;"为"指的是做事、行为。"恶小不为"说的是不要以为是微小的坏事就可以做。

法旨:本法旨在让家长知道如何正确地对待孩子的不良行为;以及发现孩子的不良行为时,家长应如何矫正,让孩子做到"勿以恶小而为之,勿以善小而不为"。

亲子关注 >>>

在孩子成长的过程中,犯错误是不可避免的,但有些父母无法正视孩子的错误,不是避之唯恐不及,就是觉得孩子还小、不懂事,长大就明白了,有的家长甚至还感觉很好玩。这就在一定程度上影响了孩子的是非观念,对孩子的成长极其不利。那么,父母应该如何对待孩子的不良行为,才能保证孩子健康成长呢?

案例聚焦 >>>

Case A ——

有这样一个真实的故事：

一个小孩经常在自家附近的山上玩耍，有一次他幸运地捡到了一只被黄鼠狼咬死，但还没来得及吃的鸡，便兴高采烈地提回了家。母亲看到孩子捡回来一只肥嘟嘟的鸡，喜得眉开眼笑，立马煺毛、开膛破肚，烧了一盆香喷喷的鸡肉，一家人欢天喜地地大吃了一顿。作为奖赏，捡到鸡的孩子还多吃了几块。父母一个劲地夸奖孩子聪明，能捡到鸡，孩子的弟弟由此也把哥哥佩服得不得了。

从此以后，两个孩子有事没事总爱往山上跑，希望还能撞到好运气。终于有一天，两个孩子又兴高采烈地提着一只还有体温的死鸭子回家了。父母惊喜地问哪里来的，孩子们异口同声地说："河滩上捡的。"父母喜得合不拢嘴，一家人自然又是欢天喜地地大饱了一次口福。父母直夸两个儿子聪明能干，有如此的好运气，今后必成大器。然而事与愿违，十几年过去了，如今这两个好运气的孩子却双双身陷牢狱，罪名是偷盗和抢劫。父母终日以泪洗面，在乡邻面前也羞愧得抬不起头来，而他们做梦也不会想到，正是他们自己当年的行为把孩子送入了监狱，一切罪过都是从当年孩子捡回那只鸡开始的。

当年捡回的那只死鸡是真实的，而捡回来的死鸭子却是两个孩子在河滩上偷了邻村的一只活鸭，活活掐死之后拿回家的。他们瞒天过海的目的就是为了博得父母的夸奖。于是，在捡不回意外之财时，也就有了不择手段的死鸭子事件。

Case B ——

一个幼儿家长在东子博客留言：

我家女儿现在2岁多，原来太小还看不出来，近期我发现她经常抢小朋友的东西。最开始我还担心孩子小受欺负，可事实相反，上周四她抢了一个2岁的小朋友的吃的，上周五抢了两个小朋友的玩具，上周六抢了一个3岁的小朋友的喝水壶，还有其他小朋友的东西，而且只要东西到了她手上，别人很少能要下来，她手抓得特别紧。在家里，只要是她看上的东西就必须拿到手，不然她就往死里哭，年龄虽小，可脾气却不小。

前两天，她自己拉开了客厅电视柜最下面的抽屉，站了进去，我看见了担心抽屉禁不住她，就说了句："'小龙女'，你干什么呢？"她抬起头看着我，用手指着我"啊啊啊，啊啊啊"地喊叫，我就说了她1句，结果她顶了我10句。在鞋柜边上有家里人穿的鞋，她也喜欢拿，我告诉她那个脏，不能拿，可我一说她，她就顶我，好像理由比我还充分。我怎么说她也不听，为这个我还打了她几次，当然下手不是特别重，但也应该会疼，但这孩子皮实，一般磕碰都不哭，打完也和没打一样。

东子热线 >>>

2013年，在中国有两个男孩很"出名"，他们分别是北京的17岁男孩李天一和南京的14岁男孩丁锦昊。前者此前已经有些名气，名气一是来自父母——李双江、梦鸽，二是2011年因无证驾车并打人被教养；后者此前默默无闻。

李天一这次出名是因涉嫌轮奸犯罪的事，丁锦昊出名是因在埃及古老的文物上刻下了"丁锦昊到此一游"几个字。前者属大恶，后者算小过。

东子相信李天一出生时，和其他孩子一样，也是一个可爱的小天使，之所以犯下如此大恶，和父母的不当教育、没有及时矫正孩子的小恶是密不可分的。

老来得子的李双江对孩子一贯是娇惯溺爱，为了满足儿子对车的兴趣，他常把车开到院子里的空地上，把才几岁的儿子放在自己怀里，然后一起坐在驾驶员的位置上，当起了汽车教练。随着他的口令，儿子一边握着方向盘，一边挂挡、加油、倒车……以至于后来就有了一个没有驾照的孩童驾车上路并行凶伤人的事。

据李双江的邻居说，李天一自小在院子里就是有名的霸王，经常欺负比他小的孩子。他晚上开宝马出去，经常去酒吧玩，总是凌晨2点多才回来。冰冻三尺，非一日之寒，李氏夫妇的溺爱也非一两天之事，正是他们的包庇纵容，才把孩子推进了罪恶的深渊。

本是普通男孩的丁锦昊，虽然没有像李天一一样作恶，但是他的小恶却产生了国际影响。2013年5月，随父母到埃及旅游的丁锦昊，在埃及3500年前的文物卢克索神庙的浮雕上刻下了"丁锦昊到此一游"，损伤了埃及古老的文物，同时也损害了中国人的形象。

在中国，很多景区里"到此一游"多得叫人见怪不怪，这在一定程度上助长了人们对小恶的妄为。这看似是小恶，却是国人的一大陋习，"丁锦昊到此一游"是文化之殇。丁锦昊事件的真正意义在于启示国人，"到此一游"真的并非什么光彩的事情，我们不能在国外丢中国人的脸，损害国家的形象。当然，在国内也不可助长这样的恶行。

丁锦昊的成长过程中不可能没有"到此一游"，如果父母能够及时告知他这是丑行恶习，就不会有今天这件事的发生。就像 Case A，如果当初孩子捡回鸡的时候，父母不贪图享受，能够替丢失鸡的人家着想，寻找一下鸡的主人，并把鸡归还人家，那么就不会再有"捡"回"死鸭子"的事情了。孩子正是因捡回鸡时父母的态度，才滋生了贪图小利、见利忘义的心理，从此也就埋下了他们后来灰色命运的祸根。

捡到一只鸡事情虽不大，但如果在小事上处理不当，孩子就会滋生出一种不健康的心理，对孩子的一生会造成不可挽回的影响。所以我们应牢记"千里之堤，溃于蚁穴"。

Case B 中的这个孩子抢东西肯定是恶的行为，但我们还要具体问题具体分析，孩子处在发蒙初始阶段，偶尔将他人之物据为己有，并不为过；为了得到心爱之物，即便是盗或者是抢，也可以理解。因为，此时他们尚不知"盗"和"抢"为何意，但是如果孩子偶尔为之，家长一定要及时告知此举的不妥之处。

像这个孩子这样近乎疯狂地抢夺，显然属于非正常之举。孩子的抢夺行为，我分析可能有以下几种原因：其一，孩子的欲求没有得到满足；其二，孩子缺乏安全感；其三，就是其霸道的心理行为。我估计前两种的可能性不大，很有可能是第三种情况，这和孩子后来的脾气大、顶撞父母、贪心，以及家长对孩子的教育思想相吻合。

一个2岁多的孩子也才刚刚会说话，怎么就会用手指着父母、顶撞父母？如果孩子第一次出现这样的行为，我们的家长能够耐心认真地和孩子解释，告诉他这样的举动是错误的，孩子以后就不会多次出现这样的行为。可很多家长只是认为孩子还小、不懂事，长大就明白了，有的家长甚至还感觉很好玩。

幼儿这样对父母，绝不是好玩的事情，到他年龄大一些的时候，他可能就会不时地对父母说"你闭嘴"。现在的中小学生中，有相当一部分因父母的话不合心意，就会甩出一句"你闭嘴"。我始终认为，到任何时候，做子女的都不可以和长辈大喊大叫，对父母恶语相加，因为那是不孝。

一些不良行为，看似微不足道，实际上却可能会带来难以估量的后果。一些行为上的瑕疵，看似毫无影响，实际上很可能会左右一个人的成败。微小的潜在破坏力，一旦发作起来，其攻坚灭顶的力量，无物能御。要叠100万张多米诺骨牌，需费时1个月，但倒骨牌却只消十几秒钟。小恶并不可怕，可怕的是我们对它视而不见，忽略它的存在，甚至被它所控制、所左右。

小与大是相对的，但善与恶却是绝对的，再小的善也是善，再小的恶也是恶。善是一种循环，恶也是一种循环。**教育孩子，我们做家长的，一定要记住"勿以恶小而为之"。**

我们不怕孩子犯错，但绝不能因恶小而放之任之。一个人犯大错误，往往都是从并不起眼的小事开始的。俗话说"小时偷针，大了偷金"，讲的就是这个道理。坏事虽小,但它能腐蚀一个人的灵魂,日积月累,从量变导致质变,到最后人就会跌进犯罪的泥坑,成为可耻的罪人。

小孩子有了小错,就像衣服上破了个小洞,如果不及时加以修补,洞就会越破越大,甚至整件衣服都不能再穿。因此,小孩子有了点小毛病、小错误,譬如欺负小朋友、霸道、自私、任性、偷懒、撒谎,或者偷父母的钱等,父母都要及时纠正,告诉孩子不可为,并告之怎样做才是正确的,要细心并且有一定的耐心。

润物细无声,家长潜移默化地影响,就会让孩子远离小恶,而从善为。

第20法　批之有道——批评也要讲究艺术

释义："批"是批评、批判；"道"是道理。"批之有道"说的就是批评人时，一定要有道理；本文指家长对孩子的批评要讲究艺术，有理可遁。

法旨：本法旨在让家长知道对孩子进行批评教育要讲究艺术性，家长不要压制孩子，而要以理服人，这样孩子才能够改正不足。

亲子关注 >>>

生活中，有些父母发现孩子犯了错或者是没有达到他们的要求时，不问青红皂白，就对孩子大发雷霆；也有些父母在孩子犯错之后不给孩子改正的机会，或者戴着有色眼镜看孩子，不再信任孩子。这些做法都不利于孩子的健康成长。那么，父母是否应该批评孩子？父母又应该如何科学地批评孩子，才能让孩子改正不足呢？

家教兵法

案例聚焦 >>>

Case A ——

妈妈下班回到家,只见小宾正在电脑前玩游戏,小宾奶奶说小宾已玩了快两个小时了,她管小宾但他不听。妈妈故意问:"小宾同学,你游戏玩多长时间了呀?是不是应该关掉了?""等一下,马上,再等一下就关掉。"小宾眼睛盯着电脑,手还是动个不停。妈妈走过去一看,小宾又在玩《植物大战僵尸》,一关一关过得正起劲。别看小宾只有7岁,小家伙玩得还很熟练,最近他总是迷恋这个游戏。

妈妈真想马上过去把电源切断,但想一想还是控制住自己的情绪,她把闹钟定上点,告诉小宾再给他5分钟时间,5分钟后必须马上关掉,小宾很爽快地答应,并一个劲地向妈妈保证。妈妈想给他个缓冲的时间,事先打下了预防针,因为强制执行容易把局势搞复杂。

妈妈进厨房帮奶奶做饭去了,5分钟很快过去了,闹钟"零零"地响起来。妈妈赶紧望了望房间里的儿子,见小宾仍一副忘我的样子继续鼓捣着鼠标。

"闹钟响了,时间到哦。"妈妈提醒道。"再等一下嘛,这关没完呢。"小宾说道,完全不想关的样子。妈妈有些火了,走到小宾跟前严肃告之,她最讨厌孩子说话不算数,如果不马上关掉电脑,妈妈下次就不会再相信他了,并且他会失去玩游戏的权利。

"哎呀!我这关还没过呢。你每天都叫我关掉、关掉……真是的。"小宾嘴撇着,口带哭音,斜着眼睛,一副不情愿的样子,对着妈妈抱怨了一番,有点耍赖甚至要大哭表示抗议的势头。妈妈心里又急又气,小宾跟着奶奶在家过惯了无纪律无管教的生活,只要她一管,小宾就开始抵触起来,并带有满不在乎的表情,斜着眼瞄着妈妈,嘴里还"哼哼"地发出不以为意的怪声音,妈妈终于忍不住,对着他一通发火,并朝着他的屁股狠狠拍了几下。

孩子一开始还忍着，最后"哇"地大声哭起来，奶奶想过来帮忙，被妈妈制止住了。小宾哭了一会儿，见没人理，停止了哭泣，但说什么也不肯来吃饭，奶奶不停地唠叨妈妈，妈妈只好哄他过来吃饭，答应吃完饭可以再玩一会儿，小宾这才破涕为笑。

Case B

《重庆晚报》曾登载过一篇报道：

13岁的女孩小荣因不堪父母的体罚式教育，带着6岁的弟弟离家出走……

小荣的妈妈周华英和爸爸谈世文都是重庆忠县黄金镇人，以前在广东打工。小荣由于长年随父母奔波在外，缺乏系统教育，今年她入读渝中区杏林中学后，学习跟不上进度，不想读书。为此，她的父母无奈地对她采取体罚式教育。

由于自身素质不高，平日里又忙于打工，小荣的父母疏于和她沟通，气昏了就想到处罚教育，想以此让女儿服、让女儿怕。小荣由于害怕责罚，先后两次带着弟弟离家出走。

当小荣表现出调皮、不听话时，她父母就会进行"动手教育"，有时小荣太过倔强，她父母会气得一起上。他们有时让孩子蹲马步，有时一蹲就是半小时到1小时，直到她两腿打颤、满头大汗才准休息；有时罚小荣站着做作业，女儿有两次玩得很晚才回家，且没做功课，被他们罚站着做作业，有时到次日凌晨四五点；另外，他们经常威胁女儿"再不听话，撵你出家门""白养活你了，不再给你吃饭"等。

东子热线 >>>

很多中国家长发现孩子犯了错或者是没有达到他们的要求时，就会对孩子大发雷霆。在孩子做了从成人的角度看来有违常规，甚至是荒唐的事情的时候，这些做父母的总是"火"字当头。其实，这时我们应该先问个为什么，或许就会发现也许错的不是孩子，而是自己，不是孩子有违常规，而是自己头脑里的条条框框太多了。退一步说，即便真的是孩子错了，批评也要讲究个方式、方法。

孩子好比一棵小树，需要不断地修剪旁杈才能长成参天大树。修剪过程中，或许会有稍许疼痛，但若怕疼而不剪掉的话，这棵树的顶端优势就会被弱化，营养被旁枝所吸收，永远也无法长高，只能做烧火材。**所以，在孩子开始懂事的时候，父母就要为他定下规则，这些规则好比电脑中的杀毒软件，对系统起到保护作用，避免病毒入侵。**

孩子在成长过程中，由于认识能力、理解能力有限，加之自我控制力比较差，总会犯这样或那样的错误，有这样或那样的毛病，这是不可避免的。犯错误并不可怕，只有在一次次的纠正错误中，孩子才会渐渐明白这些道理。

Case A 中，小宾妈妈的做法有值得肯定的地方，但也有不足。

首先，她没有给孩子定下规则。就像游戏中讲究规则，不按规则玩就得出局一样，小宾妈妈也应该给小宾定下一定的规则，具体规定孩子在什么时间玩，玩多长时间比较合适，像小宾这个年龄，玩游戏时间不应超过1个小时。如果超出这个时间，轻则会被取消下次玩游戏的资格，重则就要受到责打。有的家长看到后面的处罚可能会有些反感，认为孩子无论如何也不该受到挨打的处罚，这种想法太片面，这里的处罚只是起到警示作用，如果孩子没有触犯到规则，是不会受到处罚的。

其次，她没有给予孩子必要的监护。成年人整天忙于工作，孩子与老人待在一起的时间较多，这是社会现实。老年人由于思想已落后于时代，对现代的教育方式还不能完全接受，喜欢迁就孩子，还意识不到错误，老年人对电脑也不精通，并不知道它的好处与危害。所以，这个阶段，作为父母要给予孩子必要的监护。

再次，小宾妈妈刚见到小宾玩游戏，并没有马上发火，而是控制自己的情绪，采取了缓冲的做法，这点虽然值得肯定，但小宾任性的时候，妈妈失去控制打了他，最后却又屈从于他，这样会给孩子造成意识混乱，他会觉得只要做一些自我伤害的行为，就会让家长就范，这样孩子就会越来越难管理。等孩子再大一些的时候，便更不受家长控制，想要改掉坏毛病就更难了。家长应坚持自己的做法，既然打孩子已暂时起到作用，那么处罚后，让双方的情绪都平复一些，然后就应该跟孩子讲道理，讲为什么不让他玩那么长的时间，因为会对他的视力有影响，会对身体造成损伤。

凡事要有个度，超过这个度，就会失去它应有的乐趣。与孩子做好约定，孩子按约定的时间玩，其他时间妈妈可以陪他做别的游戏。这样可以有效地转移孩子的注意力，使之不沉迷于电脑游戏。

没有不犯错的孩子，孩子做错了事，接受家长的批评是很自然的事，可是家长的批评得有个度，还要讲究技巧，这样孩子才能够接受批评，改正错误。像 Case B 中这对家长的做法显然是错误的，况且孩子并没有什么错，学习赶不上不是她所愿，不想上学也是无奈。是非不分的家长又怎么会教育好孩子呢？孩子不离家出走，迟早也会被他们打残打傻，所以如果真心爱孩子，就要彻底改变自己的教育思想，好好自我反省、自我批评，然后向孩子道歉。

对孩子进行批评，话不在多，关键是目的明确、简单明了。要针对孩子的实际，力求切中要点，有的放矢，才能让孩子诚心接受；最忌讳挖苦、讽刺和打击孩子，甚至是揭老底。孩子犯了错，要考虑到孩子的心理承受能力和自尊，尽量不要直接指出其所犯错误，而是让孩子主动来承认，这样孩子对错误的认识会更深刻，也更有利于其改正错误。

依依不满8岁时的一天，妻子收拾女儿房间里的物品时，发现储蓄罐里的硬币少了很多。女儿放学回家后，妻子问她动没动储蓄罐里的钱，依依一脸茫然的表情，说："我没动。""那这里的钱都哪去了呢？"妻子念叨着。

妻子满心疑惑，不过没再细问。等我回来后，她把心里的疑惑对我说了，我们分析认定，这钱还是得问女儿，十有八九是她拿了。不过，我对妻子说，这事虽然早晚得问，但不能现在问，先等等，看看女儿的态度和反应再说。

于是，我们没有再追问这件事，而是不动声色地观察着女儿，想给她机会主动找我们说这件事。终于在3天后，女儿提起了这件事。尽管我们早就知道是她拿的，可是听女儿这么说还是感到有些突兀，因为从小到大，女儿对钱向来不感兴趣。所以，初听到这样的话，我一时有些接受不了，女儿为什么会从攒钱发展到如此无节制地花钱呢？她都用这些钱来买什么了呢？尽管那是她自己积攒的钱，可也不应该如此无度地花掉。

还没等我们开口，孩子就哭了，她说她知道自己错了，这几天她一直在想这件事，她知道自己犯了一个不小的错误，为了弥补这个错误，她想出去打工挣钱，好把储蓄罐重新装满。我听了女儿那句"要去打工"的话，心里不觉一颤，再看看女儿那痛心的眼泪，我知道女儿的确是发自内心地忏悔，知道自己错了。

我心平气和地问她拿那些钱都干什么了，依依说大多买了学习用品、玩具，还有就是小食品。我又问她都买什么学习用品和玩具了，她从自己房间里拿出了钢笔、尺子、本子之类的东西。她说，第一次从储蓄罐里拿钱，是因为妈妈给她买的新钢笔被她弄坏了，想要妈妈再买一支，又怕妈妈说她不爱惜文具，所以就从储蓄罐里拿了钱自己买了。拿了第一次，就觉得不跟父母要钱，自己拿钱买东西很省事、很方便，于是就有了第二次、第三次……

我和依依交流了很久，孩子几次哭得说不出话来，甚至捂着胸口，表示一定改正这个错误，从此不再随意拿家里的钱。

我及时肯定了女儿勇于承认错误的做法，同时指出这种行为的危害，并安慰她："不犯错的孩子长不大。"依依听到这句话，瞪着不解的眼睛看着我，我告诉她，人在成长过程中，没有不犯错误的，但是我们要认识到错误的行为，要吸取教训，并及时改正错误。我还说："犯错误不可怕，只要你有决心改正，不再重犯，你依然是好孩子……"女儿最后用力地点点头。

事情过去了,我们继续给予女儿信任,还把储蓄罐放在她的房间里,还依旧给她硬币让她保存,自然再也没有发生过类似的事情。

人无完人,谁都会有犯错误的时候。大人如此,孩子自然也不例外。当孩子犯错了,家长千万不要劈头盖脸地一顿打或骂,而是要问清缘由,然后告诉孩子错误所在,并给予必要的安慰,因为没有哪个孩子是愿意犯错误的。

第四篇 惩罚法——怎样批评,孩子才爱听

第21法　训导有方——要使孩子心悦诚服

释义："训导"是指教训、开导；"方"是指方法、技巧。"训导有方"就是指教育他人时，要讲究方式方法和技巧；本文指家长在教育孩子时，要讲究方法和技巧。

法旨：本法旨在让家长知道，对孩子的教育引导要讲究方式和技巧，使孩子心悦诚服地接受，以期达到理想的教育效果。

亲子关注 >>>

生活中，有些父母在孩子犯错时，不是就事论事，而是骂孩子"笨""没出息"；也有些父母平时一味妥协、纵容，实在忍无可忍了就进行"棍棒教育"，甚至喜欢揭老底、翻旧账；还有些父母朝令夕改，结果让孩子无所适从，这些做法都不利于孩子成长。那么，父母应该如何科学地教育、引导孩子，才能使孩子心悦诚服，达到理想的教育效果呢？

案例聚焦 >>>

Case A ——

我的一个在大学教书的朋友,她的女儿在北京一所大学读书,孩子可谓聪明伶俐,可就是不讲理。她对我说,她从小对孩子娇惯溺爱,一味地顺从,顺从到实在过火了就打孩子一顿。自打孩子上高中以后,家里大事小情都得女儿说了算,不按她说的做,她就会大哭大闹。

前几天,女儿从北京回来,朋友赶到车站去接,由于列车晚点一个多小时,她闲来无事,就到附近的一家大型超市里逛逛,看到一款手机挺喜欢,经售货员再三推荐,就买下了。女儿下车后听到这个消息很气愤,回家的路上闹了一路。

原来朋友前几天说要更换手机,女儿就给她推荐了好几种,还说好等她回来再买。就因为妈妈擅自做主,女儿就不依不饶。回到家朋友就把已经20多岁的女儿打了一顿,气得孩子离家返校了……

Case B ——

小希是个聪明乖巧的小男孩儿,刚上小学二年级,平时很听话,家长会上老师常把他当成正面典型,表扬他作业做得工整认真。可是小希的妈妈却对儿子很不满意,因为每当她下班回家的时候,总是发现儿子在看动画片,书包放在一旁,作业也不做。妈妈不止一次跟小希说,写完作业才可以看电视,可是他却"屡教不改",甚至挨打也不能让他"长记性"。

这天,小希的妈妈准时下班了,当时下着大雨,妈妈又没拿伞,淋着雨回家的妈妈本来心情就不好,看见小希正在看电视,她顿时发起火来:"你这孩子,根本不把我的话放在心里……"妈妈对小希一顿乱吼,最后,连扯带拽地把孩子拖到卧室里,让他马上学习。

晚上9点了,按规定这个时间小希应该上床睡觉了,可是妈妈发现小希还在写作业。难道老师留的作业有这么多?从妈妈回来,已经有3个小

家教兵法

时了,怎么还没写完?妈妈询问小希为什么写了这么长时间的作业还没写完,小希说,因为之前生妈妈的气,所以没心情写。

"我早就跟你说过,写完作业才可以看电视,你犯错我说你,难道不对?"妈妈叉着腰说道。"等写完作业,动画片都演完了,还看什么呀?"孩子委屈得快要哭了……

东子热线 >>>

不犯错的孩子长不大。

作为家长,首先我们要分清孩子犯错究竟是谁的问题,是家长的责任还是孩子自身的问题?因为很多家长所认为的孩子的错,其实错不在孩子,而错在家长自己。其次,即便真的是孩子错了,那也要分清是主观上的错,还是客观上的错。

如果是家长的错,家长当然要诚恳地向孩子致歉,这不是本文的主题,故暂且不谈,我们来说说如何对待孩子的错误行为。相对来讲,主观上犯错较为严重,这是思想道德上的问题,所以家长必须和孩子谈清说透,必须让孩子有清醒的认识,及时改正错误;而因客观原因犯错,家长首先要安慰孩子,体谅孩子,因为毕竟孩子不是故意为之,但一定要让他引以为戒,避免重犯。

针对孩子的错误,家长要准确地说明孩子具体犯有什么过失,清楚地告诉孩子这种过失造成了什么不良后果,明白地表述自己的难过心情和不悦感受;同时,家长要让孩子明白所犯的过失与后果间的联系。这样做就可以让孩子清楚地知道,他的行为会带来怎样的后果。

比如孩子不好好吃饭,父母可以由他去,只要当他感觉饿了再吃东西时,告诉他不好好吃饭与挨饿的联系。许多父母抱怨孩子不吃饭的同时,又给他们零食吃,孩子们感觉不到不吃饱饭挨饿的后果,父母的批评也只能是徒劳。

一个人的成长过程也是一个不断犯错误，并不断改正错误的过程，而这种错误的改正离不开家长的正确引导。一些做父母的，在面对孩子犯错时，有的不知所措，有的处理不当，导致孩子心生怨恨、不服管教，自然也就达不到预期的教育效果。所以，要想让孩子心悦诚服地接受批评，家长就必须要先做好功课：

第一，批评要有即时性。**也就是说，孩子犯了错，家长要及时批评，而不要不当回事，或者等待孩子再犯时一并处罚。如果孩子犯错与家长批评之间的时间间隔延长，则会减弱批评的效果。因此，一旦发现孩子犯错，家长应尽可能早些对其实施批评教育。家长如果不及时批评，孩子将会接二连三地出现类似的错误。**

以 Case A 为例，如果女儿在幼时出现蛮横不讲理的情况时，家长能够及时纠正，正确批评，让孩子知道哭闹没有用，家长的事情自己有权利做主，也就不会出现孩子都20多岁了，还动手打的无奈情况。当然，在这件事情上，家长也是有过错的，那就是不该轻易许诺孩子等她回来再购买，既然答应了就要兑现；如果改变主意，不能兑现诺言，也应该提前告知对方，尤其是面对不通情达理、不善解人意的孩子。

第二，一定要事先告知孩子正确的行为准则。作为家长，不是等着孩子犯了错再来批评，做亡羊补牢之事。如果能够防微杜渐，将错误消灭在萌芽中岂不更好？就是说家长必须先让孩子了解到正确的行为准则。如果孩子被明确地告知哪些行为不可为，并且知道会有怎样的处罚时，仍然"顶风作案"，就是孩子的问题了；而没有明确告知，则是家长自己的问题，不知者不怪嘛。

以 Case B 为例，一个不到10岁的孩子，自律性自然还很有限，家长不制订明确的作息时间，不规定看电视和写作业等活动内容的具体时间，孩子先看动画片又何错之有呢？如果家长事先已经明确告知，而孩子没有执行，那孩子自然应该接受处罚。但这里还有一个前提，就是**家长制订的准则，一定要符合孩子的身心特点及成长规律，要具有科学性，而且也要征**

得孩子的同意。

生活中有很多像小希家这样的情况，孩子看电视、做作业、玩耍的时间总是冲突，结果电视看得不开心、玩得不高兴、作业完不成。这就是家长缺乏规则意识的表现，如果制订一个科学合理的家规，规定好孩子玩与学的时间，家长轻松了，孩子也开心了。

第三，批评要对事不对人。**批评应该与特定的过错相联系，而不应与犯错者的人格特征联系在一起。也就是说，批评应该指向孩子的行为，而不是孩子自身。**比如孩子没有按时完成作业（排除作业量突然增大或身体不舒服等客观原因），家长指出孩子不安心写作业、做事拖拉、不守时即可，而不要上升到什么孩子"笨""没出息""总是不听话"等高度，这样只能起反作用。

做父母的批评孩子要针对孩子的错误，使孩子真正了解自己错在哪里，从而进一步检讨自己的错误，改正自己的不足。要让孩子知道，爸爸妈妈批评的只是他某些方面的缺点，但依然喜欢他这个人，如果他能够认识错误、改正错误，仍是爸爸妈妈的好宝宝。

第四，教育思想的前后一致性。**家庭教育最忌讳的就是朝令夕改，今天告诉孩子应该这样做，明天又否定掉，告诉孩子应该那样。**很多家长对孩子一天一个令，经常自我否定，结果让孩子无所适从，家长不自我检讨，还总不时指责孩子，这样的做法又怎能让孩子服气？

这些家长对待孩子的态度是平时一味地妥协、纵容，到忍无可忍了就打几巴掌，过后看着孩子又心疼，再给孩子道歉，周而复始，孩子如故。这样的教育怎么可能培育出晓事理明是非的孩子？糊涂的爹妈只能孕育出无理的孩子。

所以，家长要时常作自我反思，找到自己的不足。家长只有修正自己的不足，提高自己的教养水平，才能科学地引导孩子，才能让孩子心悦诚服地接受你的教育，孩子才能够顺利成才。

第22法　温火炼丹——惩戒不能伤害孩子

释义:"温火"指的是比较弱的火,也就是小火的意思;"炼丹"指的是用火熬药。"温火炼丹"是指熬药用小火才能熬好;本文说的是家长惩戒孩子要把握度,不能过火。

法旨:本法旨在让家长知道对孩子的惩戒不可过于急躁、粗暴,家长实施惩戒教育,应该既让孩子认识到自己所犯的错误,又不能伤害孩子,这样才能达到教育的目的。

亲子关注 >>>

父母们对待孩子错误的态度,可谓五花八门,对错误的惩戒也是形式多样,比如口头批评、打手心、罚站、打屁股、关禁闭等,但是不同的错误、不同性格的孩子、不同的环境、不同的时机所适用的惩戒方式也不相同。那么,父母应该如何科学地实施惩戒,才能既让孩子改正错误,又不伤害孩子呢?

案例聚焦 >>>

Case A ——

小雯今年9岁,刚上小学三年级,由于学习成绩优异,父母对她视如掌上明珠,几乎很少批评她。这天上课的时候小雯由于与同桌说话,被老师点名批评了,回到家里她仍然余怒未消,跟妈妈说起了白天上课发生的事情。

妈妈静静地听完小雯的叙述,对她说:"不管怎么样,你也不能影响别的同学听课,有什么事可以等到下课再说。"见妈妈没有站在自己的立场上,孩子没好气地顶了妈妈一句:"你知道什么呀,就乱讲,不知道你就闭嘴。"

爸爸在旁边听到了,走过来说:"小雯,你怎么可以这样跟妈妈说话?快跟妈妈道歉。"小雯仍然坐在那里愤愤地瞪着父母,见此情景,妈妈非常生气,大声地让小雯去墙角站着。孩子不想去,妈妈硬把她拉到墙角,说:"你好好在这反省!"

妈妈刚松开手,小雯就拉开门穿着拖鞋跑出去了,她家住3楼,她就顺着楼梯一直往下跑,边跑边哭。见此情景,父母真有点目瞪口呆,急忙追了出来。夫妻二人一前一后边喊名字边追,在小区门口才抓住这孩子。这时小雯的情绪已经完全失控,在爸爸怀里拼命挣扎,爸爸怕女儿再跑掉,将她抱得更紧。没想到,她竟然声嘶力竭地喊出:"我不想活了!不想活了!"在爸爸妈妈哭着的道歉声中,孩子才被扯回家。

Case B ——

11岁的小朋,是个非常顽皮又可爱的男孩,父母对他寄予了很大的希望。可这孩子在别的事上很聪明,学习上却是一塌糊涂,父母为此不时地责骂他没出息。

期末考试成绩揭晓的那天晚上,小朋的妈妈对孩子大发雷霆:"你怎么就考这么点分？你呀，真是笨死了！"在一旁的爸爸接茬说道："你这样下去，将来怎么办？只能是垃圾，被人看不起。父母能养你一辈子吗？真是后悔生了你！真是不成器！"训斥完了儿子，夫妻俩相约出去吃饭。临出门，爸爸回头对小朋说："晚饭你就在家吃，啥时候考好了再和我们出去吃！"说完，他们摔门而去。

夫妻俩吃完晚饭回到家，发现儿子已不在家了。桌上放着一张字条，字条上写着："爸爸妈妈，我走了。既然我这么让你们失望，我就在你们眼前消失好了。不要找我，这个家我也不想再回来了。每天你们除了骂我，就是训我，学习不好我心里也很难过，我努力了可成绩还是提高不上去，我也很恨我自己，每天活得很累也很苦，总是胆战心惊的……"

看了儿子留下的字条，小朋的妈妈大哭起来……

东子热线 >>>

孩子在成长过程中，总是要犯这样或那样的错误，有这样或那样的毛病，正是在这样一次次的纠正错误、改掉毛病中，孩子才会渐渐地明白很多道理。犯错接受惩罚是必然的事情，惩罚也是教育的一种手段，必要的惩罚对孩子能起到警示作用，对他的错误行为起到震慑作用。所以，惩罚会让孩子在大脑中形成条件反射，再遇到同样的事，孩子会自觉地控制住自己，减少犯错误的概率。但是**惩罚有个基本前提，那就是不能给孩子带来任何伤害，否则就适得其反了。**

惩罚孩子的方式可谓五花八门，比如口头批评、打手心、罚站、打屁股、关禁闭等。每种惩罚方式都有它适用的场合，每个家长都有自己的惩罚方式，而针对不同的孩子也应该用不同的方式。任何事物都有两面性，惩罚孩子的方式也一样，不能说哪种好，哪种坏，只要用得恰当、适度，孩子能改正错误，不给孩子带来伤害，都是可行的。

适当地惩罚孩子，不仅不会给孩子造成心理创伤，留下阴影，相反还会提高孩子的心理承受能力，培养孩子良好的心理素质。惩罚一般分为三种表现形式：批评、体罚和打骂。

批评是惩罚的主要手段，这也是东子最为认可的一种方式，这种方式点到即可，告诉孩子错在哪，应该如何改正；第二种要慎用，因为不当的体罚会给孩子带来身心伤害，这种惩罚一定要考虑到孩子的承受能力；而第三种更要少用，最好不用，因为侮辱、贬损孩子不仅不会起到应有的积极作用，还会带来很多负面影响，而打孩子，如果失手打伤打死，那就不仅仅是负面影响的问题了，除却自己要承担法律责任，还会给孩子带来恐惧……

父母在孩子犯错的情况下，对其进行适当的惩罚是必要的，但要把握度，一定要在尊重孩子人格、维护孩子自尊心的前提下进行。惩罚决不等于体罚，更不是伤害，也不是心理虐待、歧视。

比如 Case A，家长批评孩子上课说话是对的；孩子对家长恶语相加，家长让其道歉也是正确的；孩子不道歉，家长进行必要的批评教育也是应该的，但不应该强迫孩子罚站。孩子跑出去要死要活的，父母又道歉，这就更不应该了。

最初是因为孩子的小错而批评孩子，而后却以父母道歉收场，这不是本末倒置吗？这样的教育又怎会有效果呢？父母的妥协，使教育效果前功尽弃，孩子以后还会继续在课堂上说话，还会对父母恶语相加，还会动辄以死相要挟，甚至更甚。

在这件事情上，父母如果能够以平和的心态对待孩子的错，耐心、细心地听孩子的解释，温婉地提出批评，孩子就不会反应这么强烈，由此形成对抗阵势，最终也不会是这样的结局。所以，家长在实施惩戒教育时，一定要把握好度，让孩子易于接受，这样才能达到应有的教育效果。

惩罚是把双刃剑，是一种危险的、高难度的教育技巧，弄不好会伤害人。家长在惩罚之前可以先对孩子进行警告。小孩子的自我控制能力往往不如成年人，因此，父母务必慎用惩罚，在惩罚之前告诉孩子，如果再不改正就要受到惩罚，这样就可以给孩子一个自我纠正错误的机会。另外，惩罚要适度。父母给孩子的惩罚，要因人因事而定，要了解自己的孩子，知道他是个怎样的孩子，以免惩罚过度或无效。

俗话说"良言一句三冬暖，恶语伤人六月寒"，恶毒的语言犹如一把锋利的刀，具有很大的杀伤力，虽然看不见滴血，却足以使孩子的内心伤痕累累，这种伤害比受点皮肉之苦伤之更重。孩子有时宁愿挨顿打，也不愿父母辱骂、贬损、指责自己，因为那样会刺伤他们的自尊心。

辱骂孩子不该是惩戒教育的方法，因为它起不到任何积极的教育作用，甚至会带来副作用。 辱骂只是家长不良情绪的一种发泄，这种责骂一方面使孩子对自己的能力表示怀疑，另一方面又在心中对父母充满怨恨。家长这种只图自己口舌痛快、不顾孩子感受的做法，是家庭教育中的一大忌。

Case B 中仅仅因为孩子没有考出高分，其父母就将其一通谩骂，骂后竟然自己出去逍遥，把孩子丢在家里，这是非常不可取的做法。其一，这样的责骂于孩子而言是一种侮辱和精神暴力，是极其错误的惩戒方式；其二，过后，父母不仅没有对孩子实施必要的安慰，还以孩子没有资格为由剥夺孩子一起参加晚餐的活动，这是错上加错。从心理上讲，孩子此刻选择离家出走是一种很正常的心理反应，羞愧、自责、自卑、恐惧占据孩子的内心，这时逃避成了唯一选择。

家长对孩子寄予厚望本无可厚非，孩子成绩不够理想，应从根本上找原因。家长自己平时不注意与孩子交流，只盯着孩子的成绩，不知道孩子心里所想，动辄贬损、指责孩子，给孩子的心理造成了极大的压力，这样的人有什么资格做父母啊？

其实，从严格意义上讲，这个孩子不该受到惩戒，因为孩子并没有犯错。学习不好，考不出高分，并非主观原因，孩子应该得到的不是批评，而是安慰和鼓励。即便孩子真的有错，批评也要就事论事，而不可无度责骂。

对孩子来说，父母和谐、适度的教育和营造有安全感的教育环境是很重要的。家长要把孩子当做一个朋友、一个社会人，用平等的态度和他们多交流、多沟通，对他们多肯定、多赞赏，以赞许的眼光看待他们，激发他们的自尊和自信。孩子需要父母的关心，而不是无休止的唠叨；需要父母的理解，而不是无谓的指责；需要父母的鼓励，而不是无情的贬损。

经常给孩子施加恶毒的语言，无异于用鞭子抽打孩子的心灵。当孩子某件事没有做好，家长随口便说"干啥啥不行，吃啥啥不剩"之类的话，对孩子是一种极大的污辱，孩子由此可能会很自卑，觉得自己真的是无药可救，渐渐将自己封闭起来，出现心理障碍，还会因此走上极端，这时父母后悔也晚了。

用爱心浇灌孩子，当孩子犯错时，你就会理解孩子，就不会粗暴地伤害孩子了。这样，惩戒教育就会发挥它应有的积极作用，为孩子的成长保驾护航。

第23法　陟罚臧否——孩子要为行为负责

释义："陟罚臧否"出自诸葛亮的《出师表》："宫中府中，俱为一体，陟罚臧否，不宜异同。"它指的是上级对下级行为结果的奖或罚，引申为要为自己的行为负责。

法旨：本法旨在让家长知道无论孩子年龄多大，都要为自己的行为负责，家长应使孩子摒弃掉不良的行为，多行善举，弘扬正能量。

亲子关注 >>>

俗语说，人不能被同一棵树绊倒两次，可现实生活中，有的孩子却一而再再而三地犯同样的错误，原因仅仅是他没有为错误承担过后果。正是父母剥夺了孩子履行责任、承担错误后果的机会。试想，父母总是为孩子的错误承担责任，孩子怎么可能有责任心？那么父母如何做，才能让孩子学会处理自己的事情，为自己的行为负责呢？

家教兵法

案例聚焦 >>>

Case A ——

小力家与亮亮家是邻居，两个五六岁的小伙伴经常你来我往。这天，小力从亮亮家回来，就嚷嚷着要妈妈给他买机关枪，原来亮亮买了一支新的玩具枪。小力眉飞色舞地跟妈妈讲，这支玩具枪打起来直闪火光，像真枪一样。因为家里已有几支玩具枪了，小力几次缠着妈妈买，妈妈都没有答应。

小力想到了一个好主意，他知道亮亮喜欢自己的遥控汽车，就跟亮亮商量，用汽车换机关枪，亮亮很高兴地同意了，并马上回家把枪取来。虽然妈妈知道遥控汽车比机关枪贵得多，但是没有阻止。可是玩过两天后，小力就觉得枪没意思，开始有点后悔了，他觉得还是小汽车更好玩。于是，他又想和亮亮换回来，可是这次亮亮说什么也不同意。

两个小伙伴为此事还吵了起来，好几天都不在一起玩，小力更是越发地想自己的小汽车，还怪妈妈没有阻止自己换玩具，最后让妈妈去跟亮亮说一说看能不能再换回来。看着闷闷不乐的小力，妈妈有点不忍心，就去找亮亮商量，可亮亮还是不同意，并说小力说话不算数，以后不跟他玩了。

回到家里，妈妈安慰小力："这事就算了吧，换玩具是你自愿的，你要为你的行为负责呀！"小力一听小汽车没有希望再换回来，顿时哭了起来，竟然躲到屋子里不肯出来，任妈妈怎么敲门就是不开。妈妈有些担心，万一出点事可怎么办？于是赶紧妥协，答应第二天给孩子买个新的。

Case B ——

一位外国妈妈带着8岁的女儿，到中国一户人家来做客。女主人对外国友人的到来非常重视，特别学习了西餐的做法。她对外国母女说："今天我做西餐给你们吃，你们尝尝中国人做的西餐味道好不好。"

8岁的女孩听女主人说要给她们做西餐，心想：中国人做的西餐肯定不好吃。于是，当女主人问她吃不吃的时候，小女孩坚定地回答："我不吃。"等女主人把西餐端上来的时候，小女孩一眼就看到了漂亮的冰淇淋。她心想：这么好看的冰淇淋味道肯定很好！小女孩有点迫不及待地对妈妈说："妈妈，我要吃冰淇淋。"女主人很高兴小女孩能够喜欢自己做的冰淇淋，就高兴地把冰淇淋端到小女孩面前，说："来，吃吧！"

谁知，女孩的妈妈严肃地对女主人说："不行，我女儿说过她不吃西餐，她得为自己说过的话负责，今天她不能吃冰淇淋！"女孩着急地哭起来："妈妈，我就想吃冰淇淋！"但是，女孩的妈妈根本不为所动，只是淡淡地对女儿说："你得为自己说过的话负责。"女主人看着这个场面，觉得女孩的妈妈也太认真了，就说："给她吃吧，孩子总是这样的。"

女孩的妈妈正色对女主人说："亲爱的，我们要培养孩子的责任心，要让她知道为自己的行为负责。"结果，无论女孩怎么哭闹，妈妈就是不同意让她吃冰淇淋。

东子热线 >>>

人总是要为自己的行为负责的，好的行为负"好"责，坏的行为担"坏"责。

从孩子出生那一刻起，责任就如影随形，伴着他们一生终老。每个人对自己、对家庭、对社会都有不可推卸的责任。所以，家长要从小培养孩子的责任心，告诉孩子要为自己的行为负责。

责任心是孩子做人、成人的基础，也是做事情的标准之一，没有责任心就不可能认真去做事。因此，要培养孩子的责任感，必须让他们树立对自己的行为结果负责的意识。每个孩子都会犯错误，即使是长大成人了，也还是会犯一些错误。犯错误本身是正常的，在成长的道路上，家长要允许孩子犯错误，但有一条原则我们应该坚持：孩子必须为所犯的错误付出代价，承担责任，而不是由父母来埋单。

为什么有的孩子可以一而再再而三地犯同样的错误？是他不长记性吗？不是，是他没有为错误承担过后果。若父母总是为孩子的错误承担责任，孩子怎么可能会有责任心呢？细想一下，正是父母剥夺了孩子履行责任的机会。让孩子对自己负责，就是让他处理自己的事情，并承担其后果，这个后果未必都是坏的，也有好的，就像奖勤罚懒一样。

美国报纸上刊登过一则报道，讲一个小学生因破坏行为，受到停乘校车一周的处罚，孩子只好每天步行上学。有人问他的母亲为什么不用家里的汽车送他去上学，孩子的母亲坚决地说："他应该对自己的行为负责！"

我想，如果这事发生在中国，很可能有两个结果，一是家长出面与学校交涉，要求撤消对孩子的处罚，甚至到学校大闹一场；二是家长自己开车送孩子上学。美中对比就折射出两种不同的教育观。**美国的教育观使孩子认识到一个人应为自己的行为负责，并培养孩子自觉遵守规则、积极自律的观念和习惯；而中国教育观则表现出一种无原则的溺爱，结果将会导致孩子漠视规则、轻视规范的约束力和缺乏责任心。**

如 Case A 中的小力，对自己的行为根本不负责，还要无理取闹。小力的母亲明知道孩子做得不对，本不应无原则地退让，而应该意识到孩子的不良行为对其成长的危害，坚决对孩子的行为说"不"，不能让孩子出尔反尔，因为游戏也讲规则，可这位母亲没有做到。

在这件事情上，一是妈妈不应再为换回玩具而说情，而是应该对孩子讲清道理和不能再换回的理由；二是根本不应答应再为孩子购买新玩具，助长孩子这种不负责的行为；三是应让孩子体会一下即使后悔也不能反悔的心情，那样在以后做事中他就会慎重考虑，不会头脑一热而作出决定。

生活中大多数家长愿意为孩子代过，比如孩子不注意弄脏了家里地面，家长在后面收拾；孩子丢三落四忘带课本，家长急忙给送去；孩子在外面闯下祸，家长出面给道歉、赔偿。**家长不让孩子去承担后果，孩子就不会正确地面对错误，虽历一事，却未长一智，下次还会再犯同样的错误。**

李天一之所以刚出管教所就犯下涉嫌轮奸的恶行，这和其父母李双江、梦鸽夫妇无原则的溺爱有关,如果孩子最初犯错,不是父母为其代过,而是让孩子自己承担责任,就不会铸成今日的大错。

失败是成功之母,如果一个人不从失败中总结教训,而总是重复上一次的失败,那么他面临的永远是失败。成功不是失败数量的累积,而是在失败上的提炼。实践证明,一个对自己的行为不计后果的人,很难适应社会生活。家长应让孩子从小意识到,自己行为的后果要由自己负责。

曾看到这样一个故事:

小李大学毕业不久去一家知名的企业应聘,面试的最后是一道测试题:有7个孩子在铁轨上玩耍,其中6个孩子都在一条崭新的铁轨上玩,只有一个孩子觉得这可能不安全,所以他选择了一条废弃的、锈迹斑斑的铁轨,并因此遭到另外6个孩子的嘲笑。

正在孩子们玩得专心致志的时候,一列火车从崭新的铁轨上飞速驶来,让孩子们马上撤离是来不及了,但是,如果你正在现场,就会看到新旧铁轨之间有个连接卡,如果你把连接卡扳到旧铁轨上,那么就只有1个孩子会失去生命;如果不扳,你就只能眼睁睁地看着6个孩子丧身在车轮下。现在,火车马上就要驶过来了,你该怎么办呢?

小李思考了几秒,觉得很难回答,但是看到几位负责面试的经理表情严肃地盯着他,小李又必须作出回答。他仿佛看见一列飞速行驶的火车正在向6个孩子冲过来,于是他有些紧张地说:"如果非要作决定,那我还是扳吧,毕竟这边有6个孩子……"

面试的经理对小李说:"对不起,你没有通过面试。"小李有些沮丧地站起身来,鼓起勇气问:"可以告诉我应该怎么做吗?"经理说:"你为什么要去扳铁轨呢?7个孩子中,只有1个孩子作了正确的选择,另外6个的选择是错误的,为什么6个人的过错要让1个无辜的人来承担?你应该以事物的对错来作决定,谁错了谁就应该承担过错,因为每个人都要为自己的行为负责!"

这就是社会法则,没有人会为你背黑锅,孩子在家里行得通的事,到外面就未必行得通。无论"我爸是李刚",还是"我爸李双江",东子套用网友一句话说就是"出来混的,迟早要还",他们必须要为自己的恶行负责。

让孩子对自己的行为负责,这是一种担当,有担当才会有未来!

第24法　罚不及众——不可迁怒责罚孩子

释义："罚"是指惩罚；"众"是指大众。"罚不及众"指处罚犯错的人，不波及大众；本文指不应该将自己所受的责罚转嫁于他人之身。

法旨：本法旨在让家长知道自己受到了责罚，不要因此迁怒、转嫁给孩子，家长要学会控制情绪，善待孩子。

亲子关注 >>>

人总是情绪中的人，父母也不例外。当父母在工作中遇到了不顺心的事时，他们往往会把这种不良情绪宣泄在孩子身上，这样孩子就会觉得很委屈，感觉自己是个多余的人，或让孩子认为家长无能，只会在家拿孩子出气。如此下去，只会造成孩子性格的扭曲。那么，父母应该如何面对自己的不良情绪，才能保证不影响孩子的健康成长呢？

案例聚焦 >>>

Case A ——

一个7岁男孩的妈妈，发帖子说：

"我是一个很不善于调整情绪的人，总是把工作中的压力带到家里去，我在单位遇到不开心的事情，回到家里，不是对老公发火，就是对孩子撒气，因此把家庭生活搞得乌烟瘴气的。

"昨天，我回到家觉得很累了，吃饭的时候想给我老公说一下工作上的烦心事，谁知他只顾着玩电脑游戏，根本没留意我在说什么。因此，我憋了一肚子气。吃完饭后，看到孩子在吃饼干，我的火气一下子就冒了上来，冲上去就把饼干夺走，冲他大叫：'不好好吃饭，又吃零食！'孩子被我突如其来的火气吓蒙了，哭了起来。

"我更烦了，顺手给了他两巴掌，老公过来把孩子抱走，说我有神经病。我觉得很委屈、很难受，他根本就不关心我，我如果真的变成神经病，也有他的原因。我该怎么办？其实我很想把发脾气时打孩子的毛病改掉，因为我也知道孩子很无辜，我过后也很后悔和自责，但总是改不了。"

Case B ——

这天晚上，4岁的花花拿着心爱的童话书，跑到爸爸跟前，想让爸爸给自己讲上一段。此时，爸爸正在看篮球比赛，哪有心思给孩子讲故事，正巧，这时妈妈加完班刚回来，于是，爸爸就告诉女儿，让她找妈妈给她讲故事。

花花的妈妈在一家私企做财务工作，现在正是年末做报表时期，工作非常忙。妈妈这两天对账的时候，出了差错，所以她总是加班到很晚才回来。妈妈刚进屋，花花就跑过来，央求她讲故事，已经被工作搞得身心疲惫的妈妈，哪有心情哄孩子，于是没好气地说："找爸爸玩去。"于是，花花又小跑到爸爸身边，此时篮球赛正进行到激烈的时刻，爸爸聚精会神地看比赛，完全没有理女儿，花花叫了几声，见爸爸没有反应，又跑回到妈妈身边。

妈妈刚脱完鞋，心里正想着今天主管对自己说，如果钱对不上，就要自己掏腰包的事情，一低头，看到女儿拽着自己的衣角不停地晃。"不是说让你找你爸吗？"妈妈不耐烦地说。花花委屈地说爸爸不理自己，拽着妈妈的衣角，一刻也不放松，坚持让妈妈给她讲故事。妈妈被花花这么拽着，非常烦躁，就用手推了女儿的胳膊一下，好让她不再拽着自己的衣角晃。这一推，力气用得有点大，孩子一下子被推坐在地上了，她"哇"的一声哭了起来。

可能是疼了，也可能是因为委屈，花花用小脚在地上又蹬又踹，踢到了妈妈的脚。在呵斥无效的状态下，妈妈顺势踢了花花几脚，惹来花花更大的哭声，这时爸爸赶忙跑过来，抱起女儿，妈妈气呼呼地走进卧室，重重地摔上了门。

东子热线 >>>

《论语·雍也》中有一句话说："不迁怒，不贰过。"这句话的意思是说，自己情绪不好时不要迁怒于他人，同样的错误不要犯两次。东子第一次听这句话是20年前，在陕西师范大学心理学专业研究生进修班学习的时候，我的导师欧阳仑教授在课堂上所讲的。

此后，为人行事，我一直这样告诫自己，但是绝对的"不迁怒，不贰过"却很难，这只是孔子提倡的一种让人追求的理想境界。尤其是"不迁怒"，人总是情绪中的人，都有喜怒哀乐，人逢喜事精神爽，春风得意马蹄疾，而如果人遇不顺，自然就会懊恼、悔恨、抱怨……

大家都有过这样的经历，心情好的时候，看谁都顺眼，心情糟的时候，看谁都不顺眼。所以说，现实生活中的人，无论对自己的亲人、朋友，还是同事，都会有由于心气不顺而迁怒的时候，当然大多数迁怒表现得并不是十分的明显，故而一般不会对对方造成伤害。

迁怒对象最多的人，就是与自己相处时间最长的人——亲人。丈夫事业受挫而迁怒于妻子，妻子工作不顺而迁怒于丈夫，家长遇有不顺而迁怒于孩子。如果是夫妻之间，不过火的迁怒倒也无妨，让对方宣泄一下，自己再安慰两句，对方的怒气也就消了，某种程度上还起到了平复心绪的心理疗效；而对于未成年的孩子，尤其是年幼的孩子，家长的任何迁怒，都无助于自己心绪的平复，只能给孩子带来心理伤害。

易迁怒的家长会因为一点小事而把孩子打一顿，所以，只要家长脸色不好，孩子就会恐惧，只想避开家长，防止引火烧身。这时，家长可能只顾自己发泄了，根本没有想孩子是什么感受，这会让孩子觉得自己是个多余的人，觉得自己很委屈，只能让父母不高兴；或让孩子心生厌恶，认为家长无能，只会在家拿孩子出气，家长很难让孩子信服。如此会造成孩子性格的扭曲。

这是两个较为典型的家长迁怒于孩子的事例，生活中我们很多人都曾这样迁怒于孩子，不同的是原因有别。虽然家长对孩子的方式各异，但态度是一致的：内心有气没地方发作，把火气撒在孩子身上。

生活中，不顺心的事几乎每天都会发生，一味地抱怨、懊悔，甚至迁怒于他人，既是不负责任的表现，又有失风范。一个成熟、有责任感的人，面对不顺，要勇于承担，不抱怨环境，不怪罪别人，自己为自己疗伤，而不是去伤及他人。

案例中的这两个母亲，要深刻地反思，你们遇到不顺，如果自己实在无法发泄，可以让你们的先生来为你们分担，干吗要拿孩子撒气呢？孩子招谁惹谁了？你们是否想过你们的行为给孩子造成的伤害？

像这两位家长一样，很多家长心情不好的时候，就会拿孩子出气，不过很快就后悔了。有的家长打过孩子以后，又觉得心痛后悔，然后去抚摸孩子挨打的痛处，甚至抱着孩子痛哭，并加倍给孩子以物质上的补偿。这种情况，孩子在开始时会感到莫名其妙，但是时间一久，孩子也就习以为常了，慢慢地孩子也会变得喜怒无常。所以，家长要学会控制自己的情绪。

像 Case A 中这样的家长，已经不是偶尔的迁怒行为了，建议找专业心理咨询师看看，以期得到心理疏导和矫正。只有健康的家长，才能培养出健康的孩子，所以家长要注重自己的心理健康，避免由于自己不健康的心理而伤及孩子。

每个人都有不良情绪，它是一种"毒性"极强的精神垃圾，产生后即刻就要把它宣泄掉，不能让它久驻人心。排除这种精神垃圾的方法有很多，既有合理的，也有不合理的。合理不合理，这主要看给自己和他人带来什么样的影响。对自己来说只要宣泄掉就有积极的影响；而对他人则不同，有些宣泄方式可能就会给他人带来不利影响，比如迁怒于他人，尤其对未成年的孩子，很有可能带来影响其一生的心理伤害。

有些离了婚的家长，因婚姻的破碎带来的痛苦，使他们充满怨恨，想找个宣泄的空间和对象。这样，无辜的孩子就成了出气筒，这在离婚家庭里是比较普遍的情况。

人出现愤怒情绪是一种很正常、很自然的事情，这需要一个合理的宣泄空间。合理发泄情绪是指在适当的场合，用适当的方式，来排解心中的不良情绪。发泄可以防止不良情绪对人体的危害。当一个人情绪低落时，往往不爱动，然而越不动注意力就越不易转移，情绪也就越低落，容易形成恶性循环。

"任何时候，一个人都不应该做自己情绪的奴隶，不应该使一切行动都受制于自己的情绪，而应该反过来控制情绪。无论境况多么糟糕，你应该努力去支配你的环境，把自己从黑暗中拯救出来。"苏格兰外科医生及植物学家罗伯·怀特曾这样说过。

无论怎样，家长都应学会克制自己，如果在家以外造成了不良情绪，应在进家门前把它全部截留在门外，也要学点阿Q精神，用精神胜利法来使自己达到心态的平衡。夫妻间的问题，更是要两个人面对面才能解决，拿孩子撒气，只能让二人的关系更糟糕。

合理宣泄的基本前提是不伤及他人，最好的办法就是进行积极的自我调整。比如，你可以短暂地独处，独自慢慢平复心情；找一个无人的地方大喊或放声大哭；生气时你可以试着深呼吸，这样可以减少心理负担，或者是出去走走，回来后会好一点；还可以通过跑步、打球等体育活动改变不良情绪。

如果自我调整无效，那就求助于他人，让你已成年的亲人、朋友来帮你疏导。谁都会有几个好哥们儿或闺中密友，可以把你的苦衷倾倒给他们。其实倾诉本身就是一种很好的宣泄，如果还没有达到彻底排除的效果，那就再听听好友的劝告，这样你的心绪很快也就平静了。

人的情绪空间是有一定的量的，负面情绪侵入，正面情绪自然就会被等量剔除；删除了负面情绪，正面情绪又会得以很好地恢复，而且精神会更加的饱满。以这样的心态再面对你的孩子，孩子收获的就不再是伤害，而是快乐与丰盈。

第五篇 循规法——慢养，教育孩子不能急

现在，很多父母都不想让孩子输在起跑线上，于是有些父母为求心安，盲目地给孩子报辅导班；也有些父母经常拿自己的孩子跟别人的孩子比较，孩子进步慢一点就骂孩子笨。其实，顺应孩子的天性，尊重孩子的身心发展规律以及不同孩子之间的个体差异，才是家长们真正应该做的。

第25法　水到渠成——勿对孩子揠苗助长

释义：北宋文学大家苏轼的《与章子厚书》中有："恐年载间遂有饥寒之忧，不能不少念，然俗所谓水到渠成，至时亦必自有处置。""水到渠成"意指水流到之处便有渠道；本文比喻有条件之后，事情自然会成功。

法旨：本法旨在让家长知道应该如何科学地对孩子实施早期教育，告诉家长违背自然规律的揠苗助长，只能适得其反，摧残孩子的健康成长。

亲子关注 >>>

现在，很多父母由于不想让孩子输在起跑线上，极其重视孩子的早期教育，有的甚至从胎儿期起就开始了。尤其是当看到别人的孩子所学所会的比自己的孩子多时，父母便更是心急如焚地逼迫孩子学习，殊不知，这样的揠苗助长会严重地摧残孩子，结果只会适得其反。那么，父母应该如何科学地实施早期教育，才能保证孩子健康成长呢？

案例聚焦 >>>

Case A ——

我们先来看看《重庆晨报》的报道：

家长5年苦心栽培，6岁娃娃会讲3国语言却失语在家。月月在父母的训练下，6岁就会英、法、日3门语言，但1个月前，孩子突然变得内向起来，总将自己关在房内，对于父母的关心，也只是以哭相告。昨日，经过儿童医院的医生诊断，月月患了失语症。

孩子妈妈是重庆一家外语培训机构的英语教师，爸爸是一家外资银行的法语翻译。从女儿开始咿咿呀呀说话时，妈妈就用英语和女儿对话，家里放的全都是英语磁带。孩子3岁的时候，就能用汉语和英语与家人进行日常交流了。随后，丈夫又教女儿法语，虽然法语比英语难，但月月还是学得很快，经过1年时间，月月和爸爸就能进行简单的日常对话了。

4岁时，月月就能和妈妈说英语，和爸爸说法语，和小朋友们说普通话了。父母欣喜若狂，认为孩子无所不能，于是又让月月学日语。月月5岁以后，又学会了日语。从这时起，月月经常一句话里既有英语又有普通话，有时还夹杂一些法语和日语发音，但月月学校老师反映，因孩子一句话里有多国语言，同学们都嘲笑她。

月月变得不愿意和人说话，一回家就跑进卧室。家长问她到底发生了什么事，她什么也不说，只会哭。后来家长带着孩子到儿童医院心理科检查，得知她患了失语症。原因就在于她这么小的年龄大脑就输入了多种语言，以至于她在这种杂乱的语言面前，难以用一种纯粹的语言方式来表达……

Case B ——

再看看以下几位家长的早教经:

宜宜妈妈:自从我打心眼儿里接受了"早教"理论,各种各样的"早教"方案就再也没有离开过床头。现在儿子4岁了,周末两个半天,我都为孩子安排了兴趣班,周六上午上思维训练、语言表达两个班,周日下午还要学英语,明年还准备学钢琴、游泳、轮滑、画画等,计划一大堆,我感到好累,觉得宝宝也很辛苦。不过,为了让孩子不输在起跑线上,累点也值。

冰冰爸爸:我的女儿今年5岁了,周六上午去少年宫跳舞,平时每天还参加幼儿园的兴趣班。但看到其他宝宝好像周末至少都学两三样东西,看看周围的孩子都在学习识字、阅读和上英语口语课,感觉我们还是让孩子学得太少了,于是我打算再让她去学钢琴、奥数。孩子虽然累点,但是进步很快,我很欣喜。

文文妈妈:我女儿刚过2岁生日,由于我和先生工作忙,没有时间辅导孩子,我们就给她请了一个家庭教师式的保姆,对她进行全方面的开发教育。孩子明显比同龄孩子懂得多,我很得意没有错过"早教"这个机会。

东子热线 >>>

"宋人有闵其苗之不长而揠之者",说的是宋人把禾苗拔高一点,来帮助它成长,结果禾苗不仅没有长好,还都死掉了,这就是"揠苗助长"的故事。它告诉我们违反自然规律、不加思考、急于求成,只能把事情弄糟。水到方能渠成,没有水,修造再好的渠道也没用,它只能是沟谷。

当下中国的一些家长对孩子实施的教育,就是这种"揠苗助长"式的教育,打着为孩子将来着想的旗号,摧残着孩子。有位年轻的妈妈,听人说在孩子很小的时候,就要开始进行早期教育,于是孩子2岁时,她就开始给孩子灌输数的概念,再大点的时候又给他讲时间、长度等概念。妈妈还特意制订了每天的计划,逐步加码,层层深入。

其实，从心理学上来讲，人的感知是受客观实践制约的。研究发现，4岁的儿童认知一日之内的时序还很困难，5～6岁才能认知一日之内及一周之内的时序，但认知一年之内的时序还有困难，七八岁的儿童估计时间还极不准确、不稳定。

可见，两三岁幼儿的感知能力还较差，这时候如果把稍微复杂的时间、区间、长度等概念硬性灌输给孩子，其结果必然事倍功半，甚至会造成宝宝感知的错觉，影响到后来智力的正常发展。

对孩子实施必要的早期教育是应该的，但是不要急于求成，凡事还应遵循孩子身心发展的自然规律。其实，对于0～3岁的孩子，非智力素质的培养才是主要内容，一些家长急功近利的做法只能为孩子日后的成长埋下隐患。

Case A 中的孩子就是这样，是父母的无度开发才导致了孩子失语。按理说，父母在某一领域有专长，对孩子实施一些必要的引导是好事，像月月这种情况，孩子早一点接受外语教育也可以。但是孩子3岁的时候，就能用汉语和英语与家人进行日常交流，父母应该满足，应强化这两种语言，再过几年孩子已经比较熟悉、掌握得比较好后，再考虑第二外语法语的学习。可是这对父母忽略自然规律，不顾孩子感受，又对刚刚3岁的孩子，开发另一门语言。这一举动已经是错误的，可这对贪得无厌的父母利令智昏，竟然让一个4岁的孩子学习包括母语在内的4种语言，结果害惨了孩子。

我不否认，这对家长出发点是为孩子好，希望孩子将来有个好未来，但也不排除一些虚荣的功利心。当一个3岁的孩子能够用两种语言与人对话，家长自然会得到很多羡慕的眼光；而一个4岁的孩子会3种语言，家长该是何等的自豪；可当一个5岁的孩子不会说话了，家长又是怎样的悲哀？

老子在《道德经》中有言："知足不辱，知止不殆，可以长久。"这句话的意思是说，凡事知道满足就不会遭受困辱，知道适可而止便不会遇到危险，如此可以长久安全。于一个人的学习发展而言，要在追求、进取中善于知足，知顺其自然，晓水到自然渠成，欲速则不达。

在这对家长刚尝苦果、悔不当初时，像 Case B 中的几位家长一样，一些家长正前赴后继、不顾一切地开发孩子的潜力，揠苗助长。

早期家庭教育的失误，常常会加剧孩子学习能力的不均衡发展，对于学龄儿童来讲，这种发展不均衡过于明显，自然会影响其学习和表现，并使有些孩子丧失了学习积极性，由"爱学"变为"厌学"。

儿童的发展离不开适宜的生理和心理的成熟度。如果我们从一对双胞胎婴儿中挑出其中一个，训练他先学爬楼梯，结果发现，他也不过就是先会爬了几天；另一个未经训练的孩子，长到一定阶段照样也会爬楼梯，无论是从智力还是从体能，二者并没有表现出明显的差异。

这说明，人的成长是一个漫长的过程，到了不同的年龄段，自然就会获得不同的技能。一些期望孩子成为天才的父母，在婴儿才几个月大的时候，就开始训练孩子走路、认字，好像走路越早越好，认字越多越好，这个观念显然是错误的。

0~3岁是人头脑发展最快的时期，也是感知发育最敏感的时期，家长要创造的是一个适应婴幼儿生长的环境，譬如视觉、听觉、语言、情感和能够自由自在活动的、安全的环境。

有些家长以为早期教育就是让孩子多认字，2岁认2000个字、3岁认3000个字，还认为这就是科学的育儿方法。**其实不然，早期教育首要的是培养孩子的学习兴趣、对事物的好奇心、对生活的认识，还有良好的行为习惯、丰富的情感和对社会的正确态度，不应过度强调技能，很多的技能其实都是与生俱来的。**

我的一个不是很熟悉的朋友，他的孩子才刚刚3岁，在他的大力开发下，孩子可以背诵1000个成语、500个英语单词、190个国家首都、200个《三国演义》人物、《水浒传》108将、60名《红楼梦》人物、孔门72贤、《易经》64卦、36计、108个化学元素、11~99的平方、70首古诗、《三字经》《弟子规》、《千字文》……

且不说孩子背这些东西累不累，咱就说会背这些东西意义何在。孩子连什么是成语和这些成语的意思是什么都不知道，就是会背10000个又有什么意义呢？孩子连国家是何物都不知道，背这些首都有什么用呢？会背再多这些抽象的东西，也没有什么实际意义。有背上面这些没意义的东西的时间，还不如陪孩子做做游戏，带孩子走进大自然，认识些花草树木、蚊虫飞鸟，让孩子学着自己动手吃饭、穿衣服……

　　人的心理发展是逐步的、分阶段的，每一个成长阶段都有各自的发展水平和特点。孩子在会爬的时候，我们不能要求他马上会跑。所以，为了孩子的健康成长，家长千万不要揠苗助长、重蹈覆辙了。

第26法 避苦驱乐——让孩子做喜欢之事

释义："避苦"是指避开苦楚；"驱乐"是指趋向快乐。"避苦驱乐"指的就是避开痛苦的事情，希望能够得到快乐。

法旨：本法旨在让家长知道避苦趋乐是人之本性，家长要遵从本性，让孩子做自己喜欢做的事情，使之充盈快乐。

亲子关注 >>>

在应试教育的体制下，沉重的学业压力已经让孩子苦不堪言，再加上很多父母强迫孩子上各种辅导班，一再缩减孩子的游戏时间，这样做等于剥夺了孩子童年的快乐，很不利于孩子的成长。那么，父母应该如何做，才能让孩子重返快乐呢？

案例聚焦 >>>

Case A ——

《中国青年报》有一篇这样的报道：

丢沙包、跳房子、踢毽子、捉迷藏……每每临近"六一"，总有一些"大小孩"组织重温童年游戏的活动，无论是白发苍苍的老人，还是眼角沧桑的中年人，总能从这些简单、经典的游戏中寻觅到儿时的欢乐。

"每天放学回家后要先写作业、看会儿动画片、吃晚饭、弹钢琴，然后上床睡觉，周末要去参加跆拳道培训班，但爸妈同意我每周可以上网玩一个小时的游戏。"海南省三亚市第九小学四年级的曾婧扎着一个小马尾辫，戴着一副矫正视力的眼镜，一本正经地向记者汇报她日常的生活、学习安排。

对于10岁的曾婧来说，她每天最快乐的时刻就是晚饭前20分钟看动画片的时间，"我最喜欢的就是《喜羊羊和灰太狼》，要是能像他们那样在大草原上玩就好了！"说起动画片，小姑娘的眼镜背后的目光熠熠生辉。

Case B ——

一个初中教师在博客中写道：

期考结束了！寒假非正式开始了！

又带着孩子们疯玩了一个学期。看电影、做游戏、吃糖果、讲笑话……教室里经常不像是个课堂，倒像是个休闲聚会的场所，作业也只是象征性地做一点儿，好像厚厚的两套教材是顺便学的。期末考试结果证明，疯玩的结果不比苦学的差。呵呵，不用布置寒假作业真是件好事，他们省了笔墨纸张和时间精力，我下学期开学也不用费那个劲去查，真是皆大欢喜啊。

我一直以来就不赞成孩子们苦学。一件事如果能够快乐地做，何必一定要选择那种痛苦的方式？何况学习本来就该是一件快乐的事情，要把这么快乐的事情弄痛苦了，不是心理有毛病就是方法有问题。

东子热线 >>>

著名心理学家、精神分析学的创始人弗洛伊德,根据多年的研究,提出一个系统的理论:人有避苦趋乐的天性。他认为,快乐原则是生命的第一原则,追求快乐是人的本能。

在这一理论中,他把精神分为三个层次:本我、自我和超我。其中,本我是储存本能的地方,是由一切与生俱来的原始本能冲动构成的,是各种本能的驱动力之源。本我的唯一机能就是直接消除由外部或内部刺激引起的机体的兴奋状态,不讲究逻辑和道德,只服从"唯乐原则",即履行生命的第一原则——快乐原则,而快乐原则的目的是避苦趋乐,消除使人感到痛苦和不适的紧张体验,它被称为"生命唯一的价值准则"。

对于苦与乐最基本的理解就是愿意不愿意,就是说你不愿意做的事情、违背自己意志的事情自然是苦的,而愿意而为的事情,因内心喜欢则是快乐的。这是人之本性,它没有大人与孩子之分。所以,要想让孩子快乐成长,就必须让孩子做自己喜欢的事情。

对于幼儿和小学生而言,喜欢做的主要事情就是玩。即便是中学生,玩耍依然是其成长中不可或缺的组成部分。用我女儿的话说,玩得尽兴,学得开心,所以学习成绩就好。这一点在 Case B 中得到验证,孩子苦学死学进步并不明显,有时还会退步,而活学乐学却因满足了孩子的心理需求,而取得明显的进步。

Case A 中的小女孩那句"要是能像他们那样在大草原上玩就好了"让我的鼻子有些发酸,孩子们多么渴望能够有自由的玩耍时间啊,这是所有孩子的梦想。可就是这么简单的愿望,在应试教育的大环境下,却得不到满足,我们何以安心?

高尔基就曾说过:"快乐,是人生中最伟大的事!"

每个家长都希望自己的孩子快乐健康,可是家长们想过没有,孩子如果没有童真童趣,快乐从何而来?不快乐的孩子又怎能健康?简单的玩耍会让孩子快乐无比，对他们来说，最好的教育就是快乐地玩耍，在玩耍中，孩子们能更快地学会分享合作和友爱互助，孩子的身体在运动，心智也在成长。然而，多姿多彩的游戏、充满乐趣的玩耍离我们的孩子渐行渐远，沉重的课业负担几乎把现在儿童所有休息和闲暇的时间全部剥夺了。

回顾我的童年，尽管物质贫乏，但是我的心灵是自由、轻松的，我的成长是没有负担和拘束的。因为没有现在的学业压力，没有作业在等待，没有父母、老师的厚重期望，我可以尽情地和大自然亲近，玩泥巴、捉虫子；我可以尽情地和兄弟姐妹、同龄小伙伴们玩自己喜欢的游戏，捉迷藏、抓特务……

我可以在野外疯跑到天黑再回家，而不必像现在的孩子一样，一放学就埋在作业堆里；我可以在土堆上打滚撒欢，而不必像现在的孩子一样，整天被父母捧在手心里，害怕衣服弄脏了，害怕哪儿磕着碰着了，从而失去了自由；我可以一整天跟在公社来的小剧团后面走村串巷凑热闹，而不必像现在的孩子，即使到了双休日也要在父母的催促下，去这个特长班那个课后班学习……

在钢筋水泥构筑的都市里，生活在鸽子笼一样的居室里，人们室外活动的欲望越来越弱，孩子们的室外活动自然也越来越被忽视，甚至受到限制。过去，傍晚时分，一群孩子在空旷的操场上跳皮筋、扔沙包、捉迷藏及追逐打闹的情景，现在越来越难以见到了。

除了因为现在都市建筑越来越星罗棋布，孩子们玩耍的空间被蚕食这一客观因素外，孩子们被剥夺了室外活动的权利主要是因为父母的思想。现在一家只有一个孩子，父母"含在嘴里怕化了，捧在手里怕摔了"，恨不得一天24小时守护在孩子左右。要孩子到外面玩耍，万一摔着或者遇到更大、更可怕的意外怎么办？再说，出去玩多累啊，外头有风、有沙尘多脏啊……总之，让孩子待在家里最安全，最让父母放心。

为了还孩子本该属于他们自己的快乐，我还放手让女儿依依尽情地玩她喜欢的各种游戏，当然所有游戏，都必须在安全有所保证的情况下进行。

我坚持一个理念：在孩子成长的过程中，户外活动不可缺少。所以，家长不仅要让孩子快乐地玩，而且还要从家里玩到外面更广阔的世界去。

室外活动可以增加孩子沐浴阳光、呼吸新鲜空气的时间，有助于增强孩子的体质。经常在室外活动的孩子，往往身体结实、抵抗力强、不容易感冒，也很少患其他疾病；而那些终日被关在家里，夏天怕中暑、冬天怕冻着的孩子，越是被无微不至地照顾着，身体反而越娇弱，仿佛温室里的花，经不起一点风雨。

走出家门，孩子有更广阔的空间放飞心灵、收获快乐，身心都会得到充分的放松。到外面玩耍有助于张扬孩子的个性，满足他们自由、好动和探究的天性，培养他们乐观豁达的性格；到外面玩耍，孩子可以有更多的了解自然、了解社会的机会，对增长他们的见识、开拓他们的眼界大有裨益；到外面玩耍，孩子可以结交更多的朋友，在和他人一起游戏的过程中，孩子不仅收获了友情，而且学会了如何与他人相处；到外面玩耍，可以提高孩子独自解决问题的能力，增强不断探求新知识的学习欲望……

我对依依室外活动的安排主要分三种方式：每日的户外运动、每周的近郊游玩和每年的远足旅游。从可以把依依带到外面去玩的那一天起，我就尽可能坚持每天安排一定的时间带依依出去玩，等到她可以独自下楼玩耍了，户外活动就成了她作息时间表上永远不变的一项内容。上学后，为了保证依依玩耍的时间，我特意找到学校，为依依争取到了"作业缩水"的特权。于是，每天放学后，她用最快的速度做完该做的作业（后来完全不做了），就下楼尽情玩耍，滑旱冰、打羽毛球、踢毽子、跳皮筋……无论冬夏，依依常常玩得满头大汗，兴致勃勃地回家。

而每到周末，只要天气不错，我就带上依依去近郊游玩，或者步行，或者骑上自行车。在鲜花盛开的季节，和她一块儿上山采野花，编织美丽的花环，和她一起高吟着"儿童散学归来早，忙趁东风放纸鸢"到广场迎着春风放风筝；在烈日炎炎的夏季，我带她去海边，听海鸥高歌，套上救生圈到海里畅游，或者赤着脚丫在沙滩上徜徉，捡拾贝壳，抓小螃蟹，我还带她到河里摸鱼虾，尽情在溪水里嬉戏；在秋高气爽的季节，和她一起到丰收的果园里欣赏枝头的累累硕果，和当地农民一起收割庄稼，感受丰收的喜悦；而雪花飞舞时，我带她去开阔地带堆雪人，在雪地上打滚、奔跑……

"野芳发而幽香，佳木秀而繁阴，风霜高洁，水落而石出者，山间之四时也"，一年四季都有玩不完的游戏，都有无尽的快乐。

让孩子做喜欢做的事，既是顺应孩子的天性，也是对孩子的一种尊重，还是对孩子的一种科学的教育引导。孩子回馈给我们的，将是一个快乐的童年和幸福的未来。

第27法　因材施教——尊重孩子个体差异

释义：孔子在《论语·为政》中有："子游能养而或失于敬，子夏能直义而或少温润之色，各因其材之高下与其所失而告之，故不同也。""因材施教"是指育人者能从孩子的实际情况、个体差异出发，有的放矢地进行有差别的教育引导。

法旨：本法旨在让家长知道要尊重孩子的个体差异，了解孩子的优劣所在，然后有针对性地进行教育引导，使孩子能扬长避短，获得最佳发展。

亲子关注 >>>

俗语说，"一母生九子，九子各不同"。不同的孩子之间存在很大的个体差异性，而学校教育的整齐划一很难照顾到这种差异性，这样，孩子就不能发挥自己最好的能力。那么，家长应该如何科学地因材施教，才能对孩子进行有针对性的教育,使孩子获得最佳发展呢?

案例聚焦 >>>

Case A ——

古时候有一个这样的故事:

一家有五个儿子,他们个性不同,身体差异很大,有的还有残疾。儿子们一个个都快长大了,父母开始考虑让孩子们学点技艺,以便将来能自立。

老大从小就憨厚,能吃苦耐劳,父母就让他学种地,培养他当农民;

老二从小聪明伶俐、思维敏捷、精明能干,父母让他学习经商,将来当个商人;

老三是个盲人,两眼看不见,父母就让他学算卦,因为算卦不用眼睛;

老四从小身体不好,而且驼背,父母就教他学织布,因为驼背不影响织布;

老五是个残疾人,腿瘸,父母就教他学纺线,他腿脚不便,但可以坐着干活儿。

五个儿子每人都学会了一种谋生的技艺,从事不同的职业,具备了生存的能力,都可以自食其力,这样父母就放心了。

Case B ——

14岁的文文是沈阳一所普通中学的学生,学习成绩一般,是个不折不扣的"中等生",从小学到初中从未考进过前10名,当然也没有落到后10名里。虽然学习一般,但是这孩子对电脑却异常精通,他的计算机操作能力很棒,而且还能够进行相关的科学研发。可是因为这影响了学习,父母认为他不务正业,为此他们很是着急,担心孩子考不上重点高中。按当下大多数家长的逻辑,上不了重点高中,就考不上好大学,将来也就没有好工作。

于是，望子成龙的父母没有征求孩子的意见，就自作主张给他请来四五个家教补习各门功课。面对应接不暇的家教老师，文文从反感发展到厌恶，对家教老师不理不睬，甚至躺在床上闭着眼睛听老师讲课。文文到学校也不认真听讲，父母不赶着他不去上学，由此他开始厌学。结果父母这一做法不仅没有提高孩子的学习成绩，而且使其成绩直线下降，父母为此懊恼不已。

东子热线 >>>

孔子不愧是大思想家，他能够在2000多年前就提出，不同的人有不同的特点，不同的学生有不同的天赋，所以在教育过程中教师不能千篇一律，不能采取"大锅烩"的方法，而应当注意因材施教。

孩子生来各异，有些孩子可能对音乐敏感，而有些孩子语言能力、逻辑思维能力比较强，每个孩子在不同领域的能力是不一样的。比如说学习的生物钟，有些孩子在晚上学习效率比较高，而有些孩子则更适合在早晨学习；再比如孩子的记忆特点，有的孩子擅长视觉记忆，有的则擅长听觉记忆，我们不能因为自认为听觉记忆不好或者视觉记忆不好就否定孩子。其实，即便是亲兄弟，在性格和喜好等方面也会有很大的差别，正所谓"一母生九子，九子各不同"。

"此四者，心之莫同也。知其心，然后能救其失也。教也者，长善而救其失者也。"此言出自我国古代最早论述教育和教学问题的论著《学记》，它说的是只有知道每个学生都有其特殊性，了解其特殊性，并据此来弥补其缺陷，得其中道，发扬长处，而使缺陷不为害，如此，才会求得个人更好的发展。

人生活在社会之中是相对独立的，每个人身上都有着与众不同的特点，即存在着差异和个性。差异是客观存在的，无视差异，甚至想尽办法消除这种差异，是对人个性的不尊重。人正因为存在个性，才比其他任何生物都积极主动，人类社会才比其他任何生物种群都更具有活力。所以，家长在教育自己的孩子时，应该承认差异，尊重个性，发展孩子的个性，做到因材施教。

只有遵循孩子身心发展的规律，尊重其个性发展的多样性，我们的家庭教育才会变得轻松而快乐；而且也只有遵循人的认知过程和规律，循序渐进，我们的孩子才能从走稳到快跑。兔子是奔跑冠军，没必要非要让它去学游泳。让乔木长成最好的乔木，让小草长成最好的小草。

Case B 中的这个孩子虽然学习一般，但对电脑却异常精通，这是难得的闪光点。家长不仅不应该称其"不务正业"，还应该因势利导地引爆这个闪光点，根据孩子的个性特点因材施教。也许孩子的学习成绩并不会提高，上不了重点高中，考不上所谓的好大学，但是他很有可能成为计算机专家，至少是这个领域技能娴熟的高手，这样的人将来还愁找不到好工作吗？

遗憾的是家长过分依赖学校教育，忽略了因材施教，这样做既害了孩子，也害了自己，这是典型的忽略孩子感受、不顾孩子个性特点的教育方式。我们应该知道，在学校里是很难实施因材施教的，道理很简单，一个班多则六七十个孩子，少则也有二三十个，而一个老师往往要教两三个班的学生，至少要面对一百多个孩子。

即便老师有心因材施教，针对每个孩子的个性，采用不同的教育方式和方法，也会因为精力、时间等因素的不允许，而难以尽这份心去实施。所以，老师只能给所有的孩子同样的教育、同样的关爱。再说，老师面对的是几十个孩子，而父母只有一个孩子，且有很多时间与孩子相伴，可以更便捷、更清楚地发现孩子的特质，并且有针对性地加以指导。

在学校里，尽管是同一个老师，按照同一种方式、统一的进度来教授孩子，可是由于孩子之间的差别，导致学习情况各异。历史上有许多著名人物，由于学习方式和学校统一的教育方式存在差异，曾经在学习上遇到严重的困难。前英国首相丘吉尔，曾经因为口吃而导致阅读困难，再加上他异常好动，所以曾被划入学习最差的学生行列；著名科学家爱因斯坦，上学的时候有7次考试不及格，老师说他只会做白日梦，不会学习；而爱迪生在学校里，更是不受欢迎的学生，在班里的成绩总是最差的……

可是这些被认为是差等生的人，后来都成了成绩卓越的成功者，这说明他们并不就是真的愚笨，就"不是学习的料"，只是因为学校的教育模式不适合他们；但当他们用自己的方式去学习的时候，他们很快就发挥出自己的特长，也就很快有了建树。

所以，如果我们的家长能够注重因材施教，对自己的孩子施以适合他的教育方式，并教会孩子因材而学，那么每个孩子都会拥有自己擅长的技能，都会走出一条适合自己的成功之路。

我女儿范姜国一的成长或者成功，正是我对她因材施教的结果。因为孩子从小就表现出语言方面的天赋以及对文字的兴趣，所以在教育实践的过程中，我就有意识地在这两方面培养孩子的能力；而且在其他学科上，我也通过仔细观察和了解，用适合孩子的方式引导她进行学习。所以，尽管孩子投入学习的时间比其他同学少，但是效率却很高。

我对依依因材施教，成绩最突出的一件事，我想莫过于孩子成功跳级，用3年半的时间学完小学6年的课程。当我通过全面了解和考察，确定孩子在学校处于"吃不饱"的状态，用老师的话说，她上课拖着小板凳满地走，却在考试的时候轻松考满分、得第一名的时候，我想该让孩子跳级。

因为依依的理解能力和记忆能力比较强，接受新知识的速度很快，好多时候老师刚一讲，她就明白了，而老师为了照顾绝大多数孩子，还要就某一个知识点反复讲解或者演练，已经掌握了的依依自然会走神，甚至满地走。学校、老师不可能因为孩子"吃不饱"就特殊对待她，给她制订和别的孩子不一样的学习进度，或者为她另开炉灶，单独施以教育。所以，这个时候就要靠我们做父母的来操作了。

如果我如大部分家长那样，把孩子交给学校，就以为没自己什么事了，那么依依在学校里，也只能按部就班地学习基础文化知识，她身上具备的好多特质都无法得到挖掘，那么她也就不会顺利跳级，更不会写出好几部作品，及培养出良好的语音表达能力，更别说培养出较强的自立意识和自理能力了。

正如陶行知所言："培养教育人和种花木一样，首先要认识花木的特点，区别不同情况给以施肥、浇水和培养教育，这叫'因材施教'。"

女儿依依是一个普通的孩子，唯一不同的是，她除了接受传统的学校教育，还接受着来自家长因材施教的"雕塑"，因此，她的潜能得到了最大限度的开发，她的个性也得到了很好的保护和优化。

所以，如果你根据孩子的特点，对其进行因材施教，相信你的孩子一样可以与众不同！

第28法　顺其自然——遵循儿童成长规律

释义："顺"是指顺从、不违背；"自然"是指没有经过人为手段而使其保持自身的特质。"顺其自然"指的就是遵循自然的规律，不发挥人的主动性，任其自由发展。

法旨：本法旨在让家长了解孩子成长的自然规律，家长不要人为地违背客观规律，而要遵循孩子成长的身心特点，对孩子进行科学的教育引导。

亲子关注 >>>

许多父母在"成龙成凤"的思想主导下，为了孩子的将来，忽视了孩子身心发展的需要，违背了孩子的发展规律，使小小的孩子生活在重压下。因此，孩子们的睡眠时间严重不足，童年快乐不复存在，取而代之的是作业和各种特长班。这就给孩子成长中产生各种障碍埋下了伏笔。那么，父母应该如何科学地教育、引导，才能使孩子获得最佳发展呢？

案例聚焦 >>>

Case A ——

先说说神童张炘炀吧：

张会祥发现儿子张炘炀自小就特聪明：2岁半时，就曾在3个月内认识了1000多个汉字，令家人大为吃惊。2000年的秋天，张父将刚满6岁的孩子送进小学，只用了1个月，张炘炀就转升二年级。结果二年级读了1个月，三年级用了4个月，随后张炘炀跳过四年级，直接读五年级，又只用2个月的时间就读完了。这样，6年的小学学业，张炘炀只用了2年就读完了。

初中对于张炘炀来说还算平稳，初一、初二他都好好念了。直到初三下学期，老师开始向张会祥反映，张炘炀不好好听课。既然这样，张会祥便把孩子带回了家。等到新学期开学，在家自学半年的张炘炀，便直接跳级到高中读高三。

2005年，10岁的张炘炀以510分的成绩考入天津工程师范学院，成为全国年龄最小的大学生。3年后，13岁的张炘炀通过北工大硕士研究生的复试，成为全国年龄最小的硕士研究生，再次成为众人瞩目的焦点。2011年，16岁的他成了最小的博士生，被北京航空航天大学数学专业录取。

Case B ——

再看看比张炘炀大的"神童"：

"神童"王思涵14岁时，以超出分数线60分的成绩考入沈阳工业大学。大学一年级，因为学习成绩等综合因素，他被迫留级一年；毕业考试中，除英语外，其他学科他选择了弃考，最终面对仅有英语一科及格的毕业成绩，王思涵被学校"责令退学"……

"神童"魏永康，在母亲的苦苦相逼下，2岁时就认识了1000多个汉字，4岁掌握了初中文化，8岁上县属重点中学，13岁以高分考上重点大学，17岁考上中国科学院的硕博连读。19岁时，他因生活自理能力太差、知识结构不适应被中科院勒令退学……

"神童"张满意14岁时,就被保送到南开大学,3年后因为学习成绩等综合因素,被勒令退学;18岁时以极高的分数再次考进了南大,但3年后他再次被请退……

东子热线 >>>

几年来,东子一直关注张炘炀的成长,其一,东子作为教育研究工作者,难得遇见这样的教育个案;其二,这孩子上大学那会儿,正赶上我女儿跳级上中学,而且都先后出书,甚至有些媒体认为我女儿也和他一样是神童,为此我还专门写了一篇《范姜国一不是神童》的文章加以解释。

沿着张炘炀上大学、读研究生,到前段时间成了中国最年轻的博士,再到从电视上看到关于他的专访,我进一步了解了他的成长轨迹……

我从节目中看到了和我预期较为接近的张炘炀,孩子谈吐不错,思维也很敏捷,确实是早慧少年。由于尚处于青春期,孩子语气中透露着不屑与浮躁,应该说这孩子如果好好引导,会是一块好材料的,但从中也看出一些我曾担心的隐忧:

1. 孩子面对含辛茹苦的父母竟然说出"闭嘴"这样的话语,虽然在节目中只出现过一次,但我想这绝不是偶然。一个可以和父母轻言"闭嘴"的孩子,说轻了是没教养,说重了是品质问题。

2. 逼迫没有经济能力的父母在北京全款买房,16岁的孩子应该知道北京的房价,也知道作为工薪阶层的父母的收入。他不是自己想办法挣钱改善父母的生活环境,而是难为父母,这至少表明他不懂事、不知道感恩。

3. 节目中,张炘炀不止一次地说,要做王者、拥有北京户口、有钱,他一心要出人头地,做人上人,而且处处透着看不起普通人之意。一个只为名利、漠视普通人的少年能走多远呢?

4. 在近半个小时的节目中,张炘炀的所有言语,让人丝毫感受不到,作为一个年满16周岁的男孩所该拥有的爱心、责任与担当。

5.节目中没有展示张炘炀的动手能力，但是根据其父母多年陪读和其父的教育观点推断，孩子的自理能力和动手能力应该不是很强。

综观以上，张炘炀尽管学业有成，可品行和能力尚缺，而后者对人一生的影响更大。一个人学得再好，如果没有健康的身心和较强的相关能力，将来也很难在社会上生存。

最主要的是，这孩子是以牺牲童年快乐换来的学士和硕士学位，虽然这期间也有快乐，但那绝不是属于童年的快乐。童年的快乐应有同龄伙伴共享，他的6年大学和研究生生活，是与18～25岁的正在谈情说爱的青年在一起度过的，他们无法在一起捉迷藏、弹琉琉、踢毽子……

人生只有一个童年，张炘炀的童年就这样走了，当他年回首往事，该是何其苍白！

Case B 中的几个"神童"又如何呢？一个个被父母打造的"神童"，都过早地枯萎了，这是惨痛的教训啊，正在以"为孩子好"的名义打造"神童"的家长应当觉醒了。

在这里说说我的女儿，孩子在小学期间跳了两级，此后没有再跳。如果仅仅按成绩衡量，她初高中完全可以各再跳一级的。只是我考虑到再跳级的话，孩子和比自己大得多的孩子沟通会有障碍。**从心理学的角度来讲，孩子与孩子之间有一个年龄的交际半径，这个半径以3岁为宜，就是说，孩子和比自己大3岁或小3岁以内的伙伴交往不会出现问题，否则就会有交际障碍。**女儿跳级后的同学恰好比她大两三岁，正是在这个半径内，所以孩子和小伙伴们玩得很开心，同学间关系也很融洽。

再一点，我始终认为对孩子的培养应以品行为主，能力其次，学业再次。即便是学，也要首先保证孩子的玩耍时间，孩子玩得尽兴，才能学得开心。如果我不是注重孩子品行和能力的培养，而是一味地盯着孩子的文化知识学习，女儿十一二岁上大学应该不是问题，可是那样孩子就失去了应有的童年。

其实，无论是动物、植物，还是人，催熟的果子都不会甜。东子小时候家养的猪，喂养一年才长50多千克，肉吃起来很香，而现在的育肥猪3个月竟然长到100多千克，那个肉既泄松又不香；人亦如此，孩子有孩子的成长规律，拔苗助长，只能适得其反。

老子云："天之道，不争而善胜，不言而善应。"

规律是事物内部的客观存在，是不以人的意志为转移的。任何事物的发展都是遵循一定规律的，自然有发展规律，社会有发展规律，人的成长一样有发展规律。

人的成长发展规律有很多，有循序渐进的学习规律，有智力开发规律，有生长发育规律，等等。人要生存和很好地发展，必须适应、遵循自然和社会的发展规律，而孩子要成长，更是要遵循孩子身心的发展规律。违背孩子身心发展规律的教育，是摧残人性的教育，是剥夺孩子快乐的刽子手。

然而，从目前的情况来看，我国的家庭教育中存在着明显的违背孩子成长规律的问题。许多父母在"成龙成凤"的思想主导下，为了所谓的将来，忽视了孩子身心发展的需要，违背了孩子的发展规律，不尊重孩子的个性发展，使小小的孩子生活在重压下。

孩子正处于身体发育的时期，不仅需要加强锻炼，而且需要保证充足的睡眠。所以，对孩子的教育引导，必须考虑到孩子们的身体发展规律，满足孩子身体发展的需要。

可是，如今普遍存在的问题是，孩子们的睡眠时间严重不足，而且现在的孩子存在严重的童年缺失，也就是说他们没有童年了。因为他们的童年都被作业、各种特长班给侵占去了、剥夺去了。也有很多人说，现在的孩子已经不会玩了，不知道怎样玩了。因为没有人教他们玩，他们也没有时间玩。

家长应懂得蒙以养正，给予孩子那一方清清荷塘，让孩子快乐成长于鸠车竹马的纯真时光当中。

一个人在成长阶段，除了掌握知识以外，还要发展综合素质。孩子们每天只是为分数而学习，牺牲了健康的身心，牺牲了个性的发展，牺牲了能力的提高和素质的全面提升，自然也就牺牲了幸福和快乐！

　　所以，要让孩子感受到生活、学习的快乐，最根本的一点就是，在教育的过程中真正做到以孩子的发展为本，不违背教育规律和孩子身心发展规律！我们不能寄希望于教育制度的改变，那太久远，只能寄希望于离学生最近的人——家长。只要我们的家长在具体生活中，注重遵循孩子的发展规律，孩子们就可以减少被摧残的机会，增加获得快乐的概率。

　　一名从事音乐演奏的年轻母亲，为才22个月大的儿子定下了学演奏的指标：每天静听小提琴演奏半小时，3岁开始学习认识五线谱，4岁学会拉5首简单的曲目。起初她儿子觉得很新鲜，但仅过了一个星期就不干了，现在听到演奏声就大哭大吵，这名母亲只好放弃这个"宏伟"的计划。

　　望子成龙，望女成凤，这是每个父母的心愿，但家长要知道物极必反的道理，机械的记忆与刺激性教育不符合儿童心理发育规律，必会导致孩子产生逆反心理。即使您打造的"神童"将来成为什么科学家或什么政界要员，但回首往事他也会有怨恨的。没有快乐的童年是苍白的，苍白的童年是一种残缺，剥夺童年是对人性的一种摧残！

　　童年只有一个，以牺牲快乐而换取的"成功"是一种短视的愚蠢行为！

　　尊重规律，孩子方能健康成长。

第29法　趋利避害——要认清事物两面性

释义：汉·霍谞在《奏记大将军梁商》中有："至于趋利避害，畏死乐生，亦复均也。""趋利避害"通俗地理解就是趋向有利的一面，避开有害的一面。

法旨：本法旨在让家长知道事物都有两面性，在孩子的成长过程中，家长要学会权衡利弊，作出正确的取舍。

亲子关注 >>>

生活中，经常能见到有些父母为了让孩子学习文化课，逼迫孩子放弃自己喜欢的艺术特长，这样做不能扬长避短，也就不能让孩子获得最佳发展。其实，任何事情都是有两面性的，适合自己的就要勇敢去追求，而不适合自己的就要果断地舍弃。那么，父母应该如何看待孩子成长中的问题呢？父母又该如何做，才能让孩子学会辩证地看待问题呢？

案例聚焦 >>>

Case A ——

东子外出做讲座,经常有孩子或家长询问关于课后班(也称"兴趣班""特长班")学习的问题,大多数孩子同时报的培训班有3个左右。

有一次,在北京做讲座,一个不到11岁的女孩哭着对我说,她妈妈给她同时报了5个班,周一、三、五晚上分别是奥数、英语和美术,周六、日是钢琴和跆拳道……走马灯似的赶场学习,把孩子累得不想活了……

后来我到重庆讲学,一个家长说为了不让孩子输在起跑线上,他给9岁的儿子报了6个课后班,孩子被逼得离家出走了……

Case B ——

刚上初中的晨晨是个爱学习的孩子,因为他性格好,从不惹是生非,所以很招人喜欢,他妈妈说:"我儿子以后绝对是新好男人。"

上中学后,晨晨当上了让很多同学羡慕的科代表,而且还不止一个。第一个是政治科代表,政治老师问他几个政治问题,他很干脆地回答上来了,就这么简单赢得了这顶桂冠,另一顶桂冠是地理科代表,这和他平时喜欢地理有关。

晨晨自小就像爸爸,做什么事都很认真,一上任就开始忙乎开了。虽说是副科,可是两个科的事也不少:收发作业、整理资料等。一次,地理老师让他帮助整理地理卡片资料,正在这时,政治老师让他把实践本收上来批一下……

那天,他拖着疲惫的身躯回到家,爸爸忙问怎么了,晨晨与爸爸实话实说后,爸爸首先肯定了他的工作干劲,但是告诉他做什么事都要量力而行,强撑、逞能往往会事与愿违,那样对学习和成长都不利。听了爸爸的话,晨晨小心翼翼地跟爸爸提出要辞去科代表的想法。爸爸没有马上表态,问了他几个为什么后,说道:"根据你现在的情况,做两个科的科代表显然是不妥的，但是都辞去也是不恰当的，最好辞去一个保留一个。"

第二天，晨晨找老师委婉地辞去了政治科代表，那天傍晚，伴着夕阳他迈着轻盈的步履走向家门……

东子热线 >>>

从哲学的角度来看，任何事物都有两面性——利与弊。比如核能能为我们发电，造福于人类，但是用于战争可以杀人、毁掉人类；电用于照明，给我们带来光明，但触电是可以死人的；汽车为我们提供了出行的方便，但是污染环境、浪费能源，甚至还会给人带来灾难；吃药可消除某种疾病，同时它也会产生一些副作用……

那么，是不是核电要销毁、汽车要消失、生病不吃药呢？

显然不是，那就需要我们二者相衡取其利，也就是要趋利避害。

趋利避害是生物的本能，当然，也是人性的本能，这种本能是生物与生俱来的，也是生物不断向高级形态进化的保证。"趋利"使生物习得更强的生存能力；"避害"使得个体的生命得到延续，进而保证了物种的延续。其中的优胜者在大自然的优胜劣汰中生存下来，并促使物种不断向高级形态进化。

活下来不是终极目的，活好才是人们所求，贪得无厌是活不长的，所以趋利避害要有所取舍。

"舍得，舍得，有舍才有得"，这句话东子小时候就常常听到大人们说；后来渐渐读了些书，知道这是佛家的经典言论；再后来，接受了西方哲学思想的熏陶，便觉得这句话应该是一个哲学理论。

从某种角度上看，"舍"和"得"是分不开的。想要得到一些东西，必须要舍弃一些；舍弃了一些东西，自然也会得到相应的东西。这种解释看似很乱，可是细细想来，世间万物哪有能背离这个理论的呢？

例如制作一张木质的桌子，就需要砍掉院子里的一棵树，如果想要桌子，便要失去树，以及失去它给我们带来的阴凉；想留下阴凉，便没有桌子。弃彼取此或是反之，都要失去一样东西，怎么取舍，就要看看哪一个对自己最重要。

人生处处都要面对这样的取舍。舍弃一些，才能够得到另一些，善于舍弃自己不需要的，选择自己需要的，这便是睿智的表现。不善于取舍的人，最后只能得不偿失。

Case B 的故事很好地为我们诠释了舍与得的关系。所以，学会取舍是一种能力，有了这种能力，我们才能走一条对的路。知道自己想要什么，又应该怎样去得，这样的人是聪明的、有智慧的，这样的人才能成就自己的梦想。

"舍"是为了更好地"得"。我们在教育孩子的时候，常常注重培养孩子积极进取的品质，要求孩子要勇于争取机会，要有上进心和竞争意识。如果一个孩子不懂得争取，我们会认为孩子懦弱、不思进取，尤其当孩子要放弃到手的东西时，我们更会用一个"傻"字来形容孩子。

其实，正确的思维方式应该是，用豁达的态度面对身边的事物，学会用辩证的思维来看待生活，既要勇于争取，又要善于放弃。适合我们的机会、挑战，我们要鼓励自己去努力争取；而不适合自己的，则要睿智地适时放弃。

睿智者善于放弃，善于从损失中看到价值。

案例中晨晨在对待当不当科代表的问题上，很努力地争取过，也很平和地放弃过，孩子在得失之间遵从自己的内心感受和心理需要，选择过程中既坦然又心态平和。孩子通过这件事懂得了如何根据自身的能力进行取舍。**从某种程度来讲，让孩子学会放弃，比要他去争取、去获得更有意义。**

在孩子的世界里，事物都是单纯的，他喜欢便想要得到，他不喜欢便立即丢弃。孩子不会作长远的打算，也不理解为什么自己喜欢的得不到。这是典型的直线性思维，大人们往往把这称为"孩子气"。

其实孩子不是不知道自己需要什么，只是有的时候，他们想要两个都拥有，可人生就是如此，鱼和熊掌不能兼得。鱼有鱼的味道，熊掌有熊掌的味道，两个味道尽管不同，可是却不能同时拥有。只有舍弃了一样，才能得到另一样，如果两个都想要，那么最后的结局可能是两个都得不到。所以，古人云"舍鱼而取熊掌"。

当孩子面临抉择的时候，我们不能帮他选择，只能提示性地问问孩子，哪个是他的"熊掌"。孩子虽然会两个都想要，但是总会有偏向性，什么才是最适合他的，什么才是他最喜欢的，只有孩子自己心里明白。正确地认识到只能选择一样的时候，孩子才有抉择的意识，才不会优柔寡断地在那里左摇右晃，不作决断，最后一个也得不到。

取舍之间必有得失。

当然，如果孩子觉得自己应该去争取，我们就要在明确孩子的自身状况后，鼓励他努力地去争取机会，并信心十足地去为之奋斗，从而张扬孩子积极进取的鸿志。

孩子的执著追求无疑值得父母去称扬，而孩子的适时放弃也同样应该得到父母的赞美。如此教育孩子，在未来的人生中，孩子才不会勉强自己追求不适合自己的东西，也不会甘于平淡、放弃锐意进取的意志。得之淡然，失之坦然，是一种健康的心境。

锻炼孩子取舍，还要告诉孩子，取舍之间，有得有失。

既然是单选题，自然要抛弃另一种或者是另几种答案。只能选择一个的时候，要让孩子在短时间内考虑清楚，明确自己真正想要的是什么，那些被自己抛弃的东西是不是没有得到的重要。

不仅仅是孩子，大人也有抉择错误的时候，那是因为，有时候自己并不知道自己想要的是什么，但是不经历磨练就永远不会得到经验。孩子年龄尚小，抉择之后，承担的后果当然也不会对他有太大的打击，但是这种能力，却是受益终生的。

孩子选择过几次，就会明白取舍的含义，对于得失关系也更加了解了。懂得了取舍间必有得失，孩子才会更加谨慎地选择，这样得出的答案，多半是孩子想要的,也达到了培养他的目的。

准确地选择自己想要的,舍弃其次想要的,是一种能力,同时对培养孩子的果断性格也有着重要的作用,能够懂得取舍的孩子,会更加果断,而果断本身也是取舍的一种。

我们回到 Case A 中看看,其实,孩子有特长或是有此爱好,为了丰富生活、增长知识、提高技能,报个课后班什么的本无可厚非。问题是做什么事情总得有个度啊,比如吃饭,饿了吃饭是充饥、是需求,而饱了再吃是痛苦、是多余。报课后班也是这个道理,报太多的班,超出了孩子的承受能力,只能适得其反。

所以,家长要认清事物的两面性,趋利避害,会取善舍,孩子才能健康成长。

第30法　积跬至千——千里之行始于足下

释义：荀子在《劝学》中写道："故不积跬步，无以至千里；不积小流，无以成江海。""积跬至千"意为，千里之路是靠一步一步地走出来的，没有小步的积累，是不可能走完千里之途的。

法旨：本法旨在让家长知道对孩子的教育要脚踏实地，一步一个脚印，不可急于求成。

亲子关注 >>>

生活中，有些父母为求心安，盲目地给孩子报辅导班；也有些父母经常拿自己的孩子跟别人的孩子比较，孩子进步慢一点就骂孩子笨，这种不顾孩子实际的做法，严重地伤害了孩子的自尊心，同时也不利于孩子的成长。那么，父母应该如何科学地摆正孩子的位置，才能使孩子健康成长呢？

案例聚焦 >>>

Case A ——

高女士的女儿兜兜今年5岁半,在长春市某双语幼儿园已经上了3年。如今,兜兜已经能背诵一些简单的单词,并可以将老师所讲的英语课本从头背到尾。高女士高兴地说,在学校能像女儿一样背诵课本的孩子并不多,女儿在幼儿园时期的英语水平应该是走在同龄孩子的前面了。

李女士的儿子在沈阳市某双语幼儿园上学,5岁的孩子一周7天就不间断地学外语。李女士认为不在于儿子学得怎么样,只在于为他营造一种氛围,为将来出国作准备。"明知道孩子学英语不会有收获,但大家都学,只能跟着学。反正学校教的我也听不懂,花钱买心安吧。"李女士说。

Case B ——

张芳的同事林女士有个女儿叫乔乔,她与张芳念初二的女儿菲菲是同班同学。因为两个孩子从小一起长大,所以两位家长经常暗里就各自女儿的学习进行攀比。

6月底,学校举行期末考试,结果乔乔考了年级第一,菲菲却成绩平平。林女士颇为得意,一有机会就在单位大肆炫耀女儿的成绩。对此,张芳感到心里极不平衡,整天对女儿吊脸,还趁着放假给菲菲报了英语、数学、物理补习班,督促女儿提前学习初三的课程,其间她不断告诫女儿:"菲菲,你必须不要命地学习,一定要超过她们家的乔乔!"

谁知乔乔正好也报了暑假补习班,而且在补习班最近的几次随堂考试中,乔乔总是名列前茅,成了老师一贯表扬的对象。这下乔乔的家长林女士更牛了:"我家乔乔学得特轻松,菲菲是不是有点吃力?"张芳气得浑身发抖,只好回家拿菲菲出气。

当日,张芳回家后,劈头盖脸地将菲菲骂了一顿。之后她还不许菲菲吃晚饭,把她关在小卧室里"闭门思过"。过了许久,张芳无意中推开菲菲的房门，结果看见女儿泪流满面，正在用刀片划手臂，嘴里还喃喃自语："我没用，我没用……"

东子热线 >>>

急功近利是当下大多数家长的通病，也是当前家庭教育的重要误区之一。

一名年轻母亲和东子谈到，她在女儿6个月时开始教其识字，厨房、卫生间、家具等到处贴满了认字卡片，女儿9个月后的确能在报纸堆中拣出父母指定要的一份报纸，但到了1岁后，女儿看见认字卡片就又撕又扔，现在她不知道该怎么办才好。

北京一个5岁的男孩，两年来频繁更换幼儿园，原因是孩子妈妈听说，朋友家同龄的小孩从上幼儿园大班开始就天天上课，不但会背诵几十首古诗，还能认识1000多个汉字，会说很多英语单词，一年级的数学、拼音都快学完了。妈妈想到儿子的幼儿园没教孩子这些，于是着急了，迅速把儿子转到了一家幼儿园的学前班……

"台球小子"丁俊晖一夜成名的故事，似乎给无数家长开启了一条教子的成功大道，引发一些自认为孩子天资聪慧的家长们纷纷效仿。丁俊晖的父亲曾让小学尚未毕业的儿子退学打台球，甚至不惜变卖房产供儿子练球，最终使得丁俊晖获得了斯诺克台球世界冠军。这种独特的模式甚至被看成是家庭教育的一条新路，不少家长都希望自己的孩子成为下一个"丁俊晖"。

一位来自湖南的家长，看过媒体对范姜国一9岁写出《玩过小学》的报道后，写信向东子求教。她在孩子小学三年级时，便把孩子带出学校，每天让孩子写5篇作文，为此她还辞掉公职，做起全职妈妈，经常带孩子出去游山玩水，每次游完必写作文。然而，让这位家长十分焦虑的是她苦心栽培了几年，孩子如今12岁了仍毫无名气。

家长们在培养孩子的过程中，遇到的各种问题与盲目效仿"丁俊晖模式"，甚至"范姜国一模式"是直接相关的。"丁俊晖模式"仅为个案，无法推广，一些家长希望这一模式在自己孩子身上继续生效，反映了他们急功近利的教子心态。"范姜国一模式"也只是供大家借鉴和参考，全盘照搬显然不成。

家长"单打独干"的理念，也有悖于现在社会发展的方向。中小学阶段正是青少年学习与人交往、塑造人格的重要时期，让他们脱离正常人群独自生活，难以保证其健康发展。家长们急功近利，把孩子当做教育的试验品，风险太大，因为每个孩子对家庭教育都意味着百分之百，家长的理念一旦失败，那将无法挽回。

有些家长常常将自己的孩子与同事、同学、朋友、左邻右舍的孩子比较，稍不如人，非打即骂，这样就会使孩子无所适从。有些家长受自己的好胜心理、攀比心理驱使，总希望自己的孩子事事超过他人，这些家长只要看到别的家长让孩子学什么，他就跟着让自己的孩子也学什么。

现在有些孩子从厌学到厌恶家长，感到家庭没有温暖，小小年纪就想离家出走。一些孩子在外面寻找乐趣，经常半夜不回家，甚至像 Case B 的孩子一样采取极端做法，这些孩子的非正常行为大多是家长急功近利逼出来的。

在如今，很多家长都抱有希望自己的孩子成为"著名小孩"的念头。望子成龙是为人父母的正当愿望，问题是这些家长不仅要求孩子成才，更进而要求孩子"著名"。于这种念头的驱使下，家长在对孩子的培养上就往往操之过急，甚至做出些贻误孩子成长的事情来。如有的家长总是给孩子提出"得第一""拔尖"的要求，给孩子幼小的心灵施加了过大的精神压力；有的家长强迫孩子没完没了地上这样那样的"强化课""提高班"，大量挤占孩子的玩耍、运动，甚至休息时间；有的家长总是恨铁不成钢，对孩子疾言厉色，甚至拳脚相加。

教育要遵循儿童成长的规律，注重孩子的身心健康，德、智、体、美全面协调发展，最不科学的是搞儿童成长的"大跃进"。孩子即便是现在成了"著名小孩"，也不见得将来必定有所成就。如果孩子小小年纪被人捧着喊"著名"，又不能得到正确引导，往往会助长其虚荣心和投机心理，造成孩子的心理扭曲，给孩子未来的人生道路投下挥之不去的阴影。

把孩子培养成科学家、艺术家、文体明星是很多家长的期望，家长们把物力、财力、精力全都倾注在孩子身上，对孩子在艺术方面的期望，远远超过了对其兴趣的培养。

对孩子抱有过高期望，在教育上急功近利，结果只能事与愿违。有两句俗语说得好，"一口吃不成个胖子""贪心不足蛇吞象"，任何事情都有一个循序渐进的过程，谁也不可能一口吃成个胖子，学几天就成功成名了。

先哲荀子以"不积跬步，无以至千里"告诉我们，做事不可急功近利；另一思想大家老子有言："合抱之木，生于毫末；九层之台，起于累土；千里之行，始于足下。"

第六篇 逾矩法——大胆放手，孩子更优秀

生活中，有些家长打着关爱孩子的旗号，本着生怕孩子犯错的担忧，喜欢控制孩子，不仅规定孩子应该干什么，连在什么时间干都规定得满满的；也有些父母过多地照顾和保护孩子，不给孩子提供独立自主的机会；还有些父母按照老一套来教育孩子，或者盲目跟风。在一定程度上，这些成了孩子们『弱』的根源。

第31法　收放有度——自由让孩子飞更高

释义："收"是管制、控制的意思；"放"指放手、放飞，给予自由；"度"是指尺度。"收放有度"就是对事物既要有所控制，又要适当放手，关键是要把握好尺度。

法旨：本法旨在让家长知道对孩子的一味控制是不可行的，要放开手脚让孩子自由飞翔，家长要为其做好领航。

亲子关注 >>>

　　说到自由，有些家长会觉得犹如洪水猛兽，总以为孩子会胡作非为。于是，有些家长喜欢控制孩子，不仅规定孩子应该干什么，连在什么时间干都规定得满满的。这样就导致孩子在大人的紧张安排下失去了自我，以至于越来越懒散、麻木和消极，其学习效率也没有保障。那么，家长是否应该给予孩子自由？家长又应该如何科学地收放有度，才能保证孩子自由、健康地成长呢？

案例聚焦 >>>

Case A ——

一个母亲发帖子说：

"这个周末，邻居家的几个孩子相约到我家和我女儿玩，玩着玩着不知是谁提起的话题，要说说关于孩子的自由。我女儿先发言，孩子刚开始好像有很多话要说似的，但当我让她具体说说的时候，她显然说不出啥了，她只是说：'妈妈总是叫我快睡觉、快起床。'我笑笑说：'那下次不叫了，你觉得可以吗？'

"她说不喜欢父母让自己这样那样，把想法强加给自己，特别是她说话时的眼神让我觉得很不一般，显然她有点小激动，眼睛都有些湿润了……

"轮到小乔发言了，她有点委屈地说：'跟你们3位比起来，我的自由就太少了，你们只有一两个人管，而我有4个人管。'孩子说这话时，乔妈坐在旁边，老是打断孩子讲话。我马上告诉乔妈，别打断孩子的话，别和孩子争论了！其实，看到孩子吐露心声，我觉得真的很难得，为什么要和孩子争辩呢？这是多么难得的倾听机会呀……

"到瑶瑶说自由了，她说能不能不要让她练小提琴了，哪怕干家务活也行啊……

"在这个时候，我女儿已经跑到里屋了，原来她到电脑上查找关于自由的相关名言和故事去了，我们在外屋只听她读到最后的话是'……健康和学习哪个更重要？'在外屋的我们，由瑶瑶抢先回答：'健康最重要！'我们的讨论在瑶妈的敲门声中结束了！"

Case B ——

前不久在报纸上看到这样一则报道，温州一个10岁琴童，为了逃避学钢琴，数次离家出走。即便如此，母亲并未放弃对女儿的钢琴教育，最后女儿竟用水果刀割了手指，鲜血大量渗出，妈妈吓得大声惊叫，女儿放声大哭："没有手指，我就不用再学钢琴了。"

事后，做母亲的没有再逼女儿学钢琴。她说："女儿本来就是一个聪明、任性、贪玩的女孩，我是怕孩子输在起跑线上，才让孩子学钢琴的，现在看来确实应给她足够的自由和空间，毕竟对于孩子的一生来说，童年的快乐是最重要而美好的。"

东子热线 >>>

"生命诚可贵，爱情价更高；若为自由故，二者皆可抛。"这是很多家长都熟悉的诗句。由此可见，自由对我们人类来讲是何等重要。所以，人人向往自由。当然，孩子亦不例外。

可今天的孩子自由吗？问10个孩子得有9个回答不自由。当然了，自由是一个相对的概念，绝对的自由是不存在的，但相对的自由是必须有的。没有足够自由空间的孩子的创造力、想象力有明显缺失，而且这样的孩子是没有快乐的，没有快乐的孩子心理是阴郁的，而心理阴郁的孩子是不可能成才的！可见，自由空间对于孩子是多么重要。

人对事物和他人都有着控制欲，这属于人之常情，与生俱来，比如说对金钱、权利、爱情等。同样，家长对孩子也有着控制欲，他们把孩子作为自己的私有财产加以控制，一切事情都要按自己说的去做，至于孩子的自由，当然也得由其说了算。其实，这是严重的侵权行为。

更为可悲的是，为了满足家长的控制欲，计算机开发商竟然在Windows 7中，专门推出了所谓的"家长控制"软件，家长只要对孩子的计算机进行设置限制，就无需站在孩子身后监管。

是什么样的勇气，使一个年仅10岁的女孩向自己细嫩的指头开刀？为什么作为家长只有待到极端事件发生后，才能有所醒悟？东子希望像Case B

家教兵法

这样的悲剧不要再重演了。

我曾见到过这样的场景：一个小女孩独自坐在店门口弹琴，深秋的夜晚凉意将浓，可孩子还得赤手在风中练琴，练了几遍后，她回头望望身后的母亲，那眼神好像在问：我可以休息了吗？可母亲却严厉地说："又想偷懒，时间还早，接着练。"小姑娘无奈，只得极不情愿地继续着。琴声在我的身边回荡，那声音虽然清脆悦耳，却分明夹杂着一丝无奈。

一些父母总怕孩子的时间空下来，当孩子写完作业以后，马上给他安排了画画，刚画完画，又安排了学外语，外语学完了还有钢琴……这样做的结果是使孩子没有了自己的意志和想法，几乎成了一个机器人，在大人的紧张安排下，孩子失去了自我，以至于越来越懒散、麻木和消极。**家长应该每天都给孩子留出一定的时间，不要干涉孩子做什么，在安全得以保障、不损害他人的情况下，任凭孩子去支配自己的时间。**

有的家长总是埋怨孩子写作业太磨蹭，边写边玩，却不知道这些坏习惯可能正是自己让孩子养成的。因为家长经常无限地给孩子加压，使孩子没有玩的时间，复习了这科又复习那科，都复习完了以后还要做些高难度的题目，这样做不仅使孩子对所学的科目厌烦，而且容易使孩子养成磨蹭的坏习惯。孩子没有自己可支配的时间，只好采取迂回的办法，以争取可玩的时间。如果家长收放有度，把学习和玩耍的时间分开，孩子该玩的时候就尽兴地玩，该学的时候就静心地学，那样既玩得尽兴又学得开心，孩子不仅心智得到发展，学习效率也会得到提高。

一提到自由，就容易让人产生一种洪水猛兽的感觉，成人总是以为把自由给予孩子后，孩子会胡作非为，人性会顺着自由之道滑入罪恶的深渊。其实，这些担心完全是多余的，如果家长少些控制，多给孩子一些自由空间，让他们的生活少一些约束和羁绊，多一份理解和信任，让他们活得快乐些，会有意想不到的回报。

老舍先生有一套与众不同的教子"章程"，其中有一条："**应该让孩子多玩，不失儿童的天真烂漫。**"他深得顺其自然、因势利导之妙，认为孩子毕竟是孩子，应从孩子的实际出发，给他们营造一个自由的小天地，不必规定过多的条条框框。

教育孩子有很多奥秘，似乎又没啥奥秘，单说这收放有度，道理似乎人人都懂，可是少有人去想去做，所以就得有像东子一样的人跳出来吼一通，然后大家似乎明白了什么。这就是中国人缺乏思索却具有被奴役性的表现。

我们知道，人做事必须先有充足的底气，才能做到从容淡定。老夫子把"从心所欲，不逾矩"视为修养的最高境界，就是指人在历尽沧桑，有了丰富的人生阅历之后，面对世事时所表现出来的那份从容。

收放有度那叫一个从容，也是一份自信。可今天的家长哪个敢说自己从容教子？在老母鸡式的保护教育思想下，收多放少是中国家长的普遍做法，其出发点固然是好的，但过程和结果是孬的。过程是孩子苦家长累，结果往往都是事与愿违。

"望云惭高鸟，临水愧游鱼"，莫要等到您与孩子都身心俱疲、得不偿失时才有所领悟。在美好的时光图景中，手握自由，从容教子，引吭高歌，并非望尘莫及之事。

收放有度，我们要紧扣一个"放"字，牢牢把住"放"的内核，在思想上放大视野、放开视觉、放松畅想。就像放风筝者手里的托线盘，有时把风筝放飞到千米高空，有时只让风筝在十米八米的低空盘旋，只有收放自如，一会儿放线，一会儿收线，想高就高想低就低，风筝才能在空中翩翩飘舞。

"收"与"放"是一对矛盾体，有了"放"，就应顾及"收"。只收不放，因循守旧，管束太多，或放而无度，漫无边际，都不利于孩子成长。所以，家长要能够收放有度、擒纵自如，以放为主，适当约束，孩子的空间大了，才能飞得更高、走得更远！

第32法　以逸待劳——活学乐学效高绩优

释义：《孙子·军争》中有："以近待远，以佚待劳，以饱待饥，此治力者也。""以逸待劳"指在战争中作好充分准备，养精蓄锐，等疲乏的敌人来犯时给以迎头痛击；本文指孩子学习不要搞疲劳战术，要活学乐学。

法旨：本法旨在让家长知道逼迫孩子苦学死学的做法是不科学的，要保证孩子的休息时间，让孩子保持旺盛的精力，引导孩子灵活快乐地学习。

亲子关注 >>>

应试教育以分数论成败，为了让孩子取得好成绩，老师给孩子加大课业量，家长也终日逼着孩子苦学死学，这样下去，孩子哪里会有快乐可言？于是他们采取了消极的对抗行为，比如逆反、逃学，甚至离家出走、自残、自杀……那么，父母应该如何做，才能引导孩子变苦学死学为活学乐学，让孩子事半功倍呢？

案例聚焦 >>>

Case A ——

上幼儿园的娟娟最近一上音乐课就犯难，不是逃跑就是泪眼汪汪，情况很反常。后来老师勉强把孩子劝回课堂里，并且要娟娟弹钢琴，娟娟弹着弹着竟然呕吐起来，把刚吃的午饭全吐出来了。

于是，老师把娟娟的母亲叫来，和她一起把孩子送到医院检查。检查发现原来妈妈每天强迫孩子学钢琴，一学就是三四个小时，孩子对弹钢琴实在太厌烦了，但又无力反抗，被迫长年累月地学习，娟娟产生了严重的焦虑症，一看到钢琴就产生胸闷和烦躁的情绪。

Case B ——

2013年新春开学，青岛14岁女孩吃过早饭后下了楼，她并没有像其他同学一样去学校上课，而是在楼梯一角用工具刀割破自己的手腕和脖子。所幸邻居发现及时，经抢救，孩子已经脱离危险。

据了解，女孩名叫丽丽，是一所中学的初中生。为何丽丽会有如此极端的举动，她的父母也是颇为不解。通过进一步了解得知，丽丽是一个挺要强的孩子，平时跟父母的交流并不太多，父母只是逼迫孩子学习，没有科学地引导，孩子感觉学习压力较大，最终承受不住压力才做出了这样的举动。

东子热线 >>>

教育的目标，本是培养全面发展的人，可是在"以分数论成败"的应试教育环境下，中国的教育已走到全面追求分数的极端。为了让孩子取得好成绩，老师给孩子加大课业量，家长也终日逼着孩子苦学死学，孩子被分数这个紧箍咒禁锢着，哪里会有快乐可言？

苦着考着，累着忙着，这就是当下大多数孩子的学习状态。这种"考试至上"的理念，残酷地剥夺了孩子宝贵的童年快乐。更严重的情况是，孩子们因为感受不到学习的快乐而厌学，快乐指数直线下降，直至为了逃避考试而放弃学习，乃至放弃生命。

中国儿童自杀的原因有很多，但是学习压力过重占第一位。那些因为考试成绩不理想而选择自杀的孩子虽然是"自杀"，但是仍然可以归结为"他杀"，凶手就是分数，就是应试教育制度！中国的教育已经成为儿童自杀的主要原因，"诲人教育"已经成了"毁人教育"！再不停止这种已经走向极端的教育模式，不知道还要有多少如花的生命从这个世界消逝，不知道还要有多少孩子的童年与快乐无缘，不知道还要有多少充满灵性的心日渐成为分数的奴隶！

对于只求分数的教育来说，在教育者和受教育者的心里，学习就是为了考试，就是为了在考试中获得高分数，而要实现这个目的，最简单的办法就是搞题海战术，加大学习量。也就是说，学生平时的学习任务就是把考试内容背得滚瓜烂熟，将考试中能够得分的知识点掌握得扎实，而要做到熟练、扎实，自然需要反复练习，巩固、提高熟练程度。

如何反复练习？自然是不断布置习题，布置各种或者默写、或者计算的学习任务。长久以来，学校为了提高升学率，竞相延长学生的在校学习时间。后来，在"减负"的政策压力下，学生在学校学习的时间相对减少了，但学习的时间并没有减少，相反大有增加的趋势。也就是说，学生要把学习任务带回家，即做作业。

中国有句老话叫"熟能生巧"，没有别的捷径，要想不被考倒，就要在平时下苦功夫，即便不能做遍所有习题，也要力克题海、胸装题库。于是，课上练，课下练，放学回家也不能闲着。看看现在孩子们背的书包有多大，就知道他们回家要做多少事情。

可是孩子顺从是痛苦的，付出的代价也是惨重的，他们因此失去了童年的乐趣，品味不到学习的快乐，更没有玩耍的快乐……

也有孩子采取了抗争的态度，但他们的抗争大多是消极的对抗行为，比如逆反、逃学，甚至离家出走、自残、自杀……

打着"为孩子好，为孩子的将来负责"的旗号，家长在孩子身上投注了种种期望，就这样让孩子陷入看不到希望的痛苦深渊中，一路挣扎一路成长着……

抛去品行和能力不说，单说这学习，很多教育工作者和家长一直没有搞明白孩子考分高低的缘由，大多数教师和家长认为要想考高分只有一条路：刻苦学习、死记硬背、多作练习。东子不否认，有一部分孩子通过这种残酷提高了分数，但是也有一部分孩子排斥这种学习方式。再者，即便是为了提高成绩，难道就没有别的路可以走了吗？

通过对女儿的教育引导，我探索出了活学乐学同样可以提高孩子的学习成绩。我这里说的"活"是指灵活，"乐"就是快乐，也就是说学习要思索，要有快乐的感觉。我们都知道，一个人做喜欢做的事情就会更有成效，如果孩子喜欢学习，能够体验到快乐，那他就一定会学好。

为此，我还专门就依依的成长作了一个规划：玩过小学、乐过中学。这是根据孩子不同成长阶段的生理、心理特点，以及各阶段知识储备、能力培养的实际情况来确定的。

先说"玩过小学"。

第一，玩是小学阶段孩子的天性和权利。这个年龄段的孩子都渴望玩，渴望从玩中得到快乐。吃饭穿衣是他们的物质需求，玩对于他们是同样重要的精神需求。所以，我们不该剥夺孩子玩的权利，要让他们有玩的时间和空间。如果为了考试成绩，一味逼迫孩子学习，而让孩子远离玩耍，不仅扼杀了孩子的天性，而且剥夺了孩子的快乐心境。没有快乐心境，孩子怎会有学习的兴趣？又怎会有生活的乐趣？

从依依懂得玩那一天起,我就把玩耍作为孩子每天必做的"功课"。只要孩子开心,我在这一方面一点也不吝惜时间。孩子上学后,我依旧想办法保证孩子玩耍的时间,甚至为了保证孩子玩的时间不受侵犯,我去找老师和学校谈判,要求给孩子的作业"缩水",以节省出时间来玩耍。

第二,玩是小学阶段孩子的学习方式。玩不但是孩子生活的一部分,也是其学习的一部分。我认为,玩中学是一种有效的学习方式,也是一种快乐的学习方式。不要认为孩子上学了,就该与玩耍绝缘了,就该整日埋头于书本中。依依整个小学阶段,大部分时间是边玩边学,或者以玩的方式学习,事实证明,孩子不仅没有耽误学习,反而快乐、轻松地度过了小学阶段。

在此,东子要特别强调,我所倡导的"玩中学"和"边玩边学",绝不是玩耍的时候也学习,学习的时候不安心还想着玩耍。我的真实意思是,玩的时候不要考虑学习的事情,要尽情地玩耍;而学习的时候要安心学习,不要想着玩耍。这样的玩耍一定会很开心,学习用心成效也会很高。正如,女儿接受媒体采访时所言:"因为玩得尽兴,学得开心,所以我的成绩就好。"

小学阶段强调一个"玩"字,并不是对孩子无原则地放任,任凭孩子像脱缰的野马一般,而是要把握一个"度",更要注意因势利导,使孩子在开心之余获得知识和能力。

再说"乐过中学"。

刚说过了"玩过小学",现在又讲"乐过中学",可能有的家长要问:"玩"和"乐"有什么区别吗?当然有,就字面意思而言,"玩"多指玩耍,"乐"一般理解为快乐。孩子通过玩耍可以得到快乐满足,但是快乐并不只是通过玩耍获得,孩子通过劳动或是学习都可以收获快乐。所以,我这里所说的"乐"自然是快乐的"乐",而这个快乐不是单一从玩耍中得到,更多的是因学习而来,也就是学习之乐。

我们都知道玩耍能给孩子带来快乐,但是很多人却忽略了学习给人带来的快乐,此"乐"应是更高一级的"乐"。通俗地解释就是要把学习做一件快乐的事情，在快乐的学习过程中获得知识和技能，从而收获成功之乐。

多年来，我一直在痛斥"苦学"，倡导我的"快乐教育"理念。我在这里提出"乐过中学"，就是要我的女儿有别于那些接受常规应试教育"锻造"的孩子，不是每天陷在题海中苦学、死学，而是在掌握了一定的学习方法的基础上，学会灵活学习、快乐学习，从而轻松获得一个人成长、发展过程中所必须掌握的文化知识。

为什么将中学阶段定位为一个"乐"字呢？这是根据孩子的成长规律，以及中学读书阶段的学习特点作出的规划。中学的学科比小学增多了很多，知识量大，覆盖面广，在一定程度上增加了难度，对能力的考核也比小学多得多。这就要求孩子要拿出比小学时多一些的时间和精力投入学习，以切实掌握中学阶段需要掌握的知识；而且孩子成长至10岁后，"玩"已经不足以吸引他们全部的兴趣，他们的注意力从玩耍逐渐转移到更广阔的领域，包括从书本中探究世界、从学习中获得知识等学习的快乐、求知的快乐。

针对这两方面的特点，我为依依确定了"乐过中学"的成长规划。当然，要孩子以学习为乐地"乐过中学"，并不等于不给孩子玩耍的时间。我对依依说，即便上了中学，虽然和小学比玩耍的时间少了，但你依然是中国中学生中玩耍时间最长的一个。对此我有十足的把握，因为依依已经掌握了科学的学习方法，并且对学习有着浓厚的兴趣，自主学习的意识和能力都很强，所以在中学学习任务骤然加重的情况下，孩子的学习压力也不会太大。也就是说，我的"快乐教育"依然会得到很好的延续。

这一切在孩子新近出版的《一路玩来是长大》中得以验证。

女儿不做家庭作业，不上课后班，而且还跳过两级，如果和同样高中毕业的孩子比，她用在学习上的时间不到其他孩子的2/3，可学习成绩却一直名列前茅，最后以超过一本（重点）分数线的成绩考取了大学。

为什么范姜国一投入学习的时间短，成绩却很好呢？道理很简单，如

家教兵法

果逼着你做不想做的工作8小时，和做你喜欢做的工作6小时，哪个会更有成效？女儿的成长经历，告诉我们摒弃苦学死学一样考高分，如果孩子有浓厚的学习兴趣、科学的学习方法和技巧，想考低分都难。

摒弃苦学死学，让孩子得到充分的休息，遵从人性，让孩子开心地学习，孩子一定能学得好、考得优，有个幸福的未来。

第33法　尊重为大——遵从人性以人为本

释义："尊重"是尊敬、敬重、重视。"尊重为大"就是要尊重他人；本文指家长要给予孩子必要的尊重，让孩子得到温暖。

法旨：本法旨在让家长知道以人为本是对孩子的最高尊重，尊重孩子是最基本的爱，尊重是成功教育的基础。

亲子关注 >>>

如今的家庭大多为独生子女，孩子就是父母的心肝宝贝，用"含在嘴里怕化了，捧在手里怕摔了"形容一点也不过分。于是父母打着关爱孩子的旗号，本着生怕孩子犯错的担忧，做起了孩子的跟班，他们有的时刻都在监视孩子，有的看着孩子写作业，有的"陪"着孩子上网，也有的找理由翻看孩子的手机通话记录……这不利于孩子形成好的习惯，也不利于孩

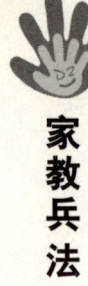

子的学习和成长。那么,父母要不要陪着孩子写作业?要不要陪着孩子上网?要不要做孩子的跟班呢?

案例聚焦 >>>

Case A ——

一个小学五年级的学生给东子留言说:

"我妈妈整天都待在家里,她的工作就是'看着'我。比如她经常看着我写作业,写作业本来就要集中精力,旁边坐着一个人看着你写,总感觉怪怪的。谁在别人的注视下能够专心地写作业呢?至少我是不行的。

"为此我和妈妈郑重其事地谈过,她也接受了,可是她接受的只是不坐在我旁边,却没有明白什么叫'打扰'。自从我不让她坐在我旁边'看着'我以后,她便隔几分钟来'拜访'我一次,比如送个水啦、问我晚饭吃什么啦……总之就是找各种牵强的理由。其实说白了,就是看看我有没有在学习。

"我就不明白了,我做事情就这么不让她放心吗?我只是写个作业,作业第二天老师还要检查,我能不写完吗?就算我在中间开个小差,不过是后面多写一会儿,有必要这么监视我吗?!况且她这样一趟一趟的就只能分我的心,让我写得更慢。

"有一次我正在自己房里写作文,门突然就开了,却不见有人进来。我一抬头,原来是妈妈趴在门缝里看我呢,当时把我吓了一跳,结果就是思路全都没了。然后,我理直气壮地和妈妈发了脾气。因为我觉得她总这样看着我,完全无视我的心理感受,是对我的不信任、不尊重。"

Case B ——

一个爱玩爱动的9岁男孩很爱上网,从开始学会上网那天起,他就一直按照爸爸妈妈的规定时间,严格地执行,可他妈妈竟然一直不放心,常常过来陪他上网。

刚开始的时候,这个男孩还以为是因为以前没上过网,妈妈想指导他操作,没想到几年下来,一直是这样。他现在掌握的电脑知识已经达到了完全可以自己操作的水平,可是妈妈还是一直盯着他上网。虽然男孩没看什么不能叫妈妈看的东西,可是她这样看着自己上网,别的什么也不干,男孩觉得特别难受。

妈妈像看犯人一样看着他,让他很不自在,于是,他向父母提出抗议。妈妈气愤地说:"你这孩子,怎么不知好歹呢?妈妈不是怕你学坏嘛!""我会不会学坏,我自己还不知道?我认为你是不信任我,不尊重我。"孩子顶撞道。

妈妈说这是防患于未然,孩子说这样伤害到他了,母子俩就这样争执不休……

东子热线 >>>

在应试教育的重压下,要出分数,就需要进行大量的机械式操练,就要做大量的作业。好多学校,领导把检查作业当成重要工作来做,逼着老师留作业,而家长也跟着"起哄",每天跟在孩子屁股后面看着孩子写作业。老师如果作业留少了,领导不高兴,家长也不乐意,所以,繁重的作业给孩子造成很大的负担。

家有读书郎的家长有一个共识,现在的孩子作业越来越多,每天放学不用干别的,只管埋头写作业,总要写到夜里9点、10点才能忙完。可是你要留心问一下他们都在写什么作业,无非是抄写课文、做习题。很多时候,你会觉得老师的作业布置得实在没有意义,比如老师让学生把写错的字重写100遍。

像 Case A 中这位家长一样,为了让孩子保质保量地完成作业,他们不惜牺牲自己的工作、娱乐时间,看着孩子写作业,甚至陪孩子一起熬夜,我战友的妻子和我的侄女，都是属于看着孩子写作业的"尽职"而不合格的家长。

我不赞成为了陪孩子写作业而和孩子一起熬夜的做法，道理很简单，这样做于事无补啊，孩子的作业一点也不会因此而减少，孩子熬夜的时间照样还是那么长。换位思考，如果在单位里，你的领导总是站在你身边看着你工作，或时而过来指指点点，你的心情会怎样？工作效率又如何？

这种做法，其一是对他人的极大不信任、不尊重，其二是分散他人注意力。所以，孩子写作业时家长为其"站岗"，只能是于事无补、事与愿违、适得其反。

除了为孩子"站岗"，还有一些家长主动上阵，帮助孩子完成作业。陪孩子写作业、帮孩子改错题……不少家长把许多应该孩子自己做，且孩子能够自己做的事包办代替。据天津市家教研究会对372名中小学生及其家长所作的调查显示：73.2%的家长"陪着孩子写作业"，76.7%的家长"检查孩子作业后帮助改错题"。

当下陪孩子写作业，已成了许多家长的"功课"，特别是在孩子小学阶段，这已是一种极其普遍的现象。家长对作业的参与度过高，陪孩子做作业，不利于孩子好习惯的养成，孩子上课也就不认真听讲，反正回家还有家长辅导，孩子不会读的拼音，家长领念一句，孩子就跟读一句；孩子做作业，也容易马马虎虎，反正不管对错，还有家长逐题检查。

家长陪孩子学习的时间越长，扮演的角色越接近监工。陪孩子写作业，不是在培养孩子的好习惯，而是在瓦解好习惯，是对孩子自制力的日渐磨损。这样孩子在学习上一遇到困难，不是想着自己主动克服，而总是向家长求援，这怎能锻炼孩子的意志？遇到有难度的题目，不自己动脑筋，不愿多思考，总想让家长帮助解决，这样孩子如何培养自己的刻苦钻研精神？家长越俎代庖直接替孩子解决困难，会使孩子丧失解决问题的能力。

所以，我们的家长要学会思索，爱要理性，教要科学，要放手让孩子自己去独立完成作业，使孩子养成良好的学习习惯，并拥有高效的学习效率。

　　说完作业，再说说上网。我在网上看到了一个当教师的家长发的帖子："一定要严格控制孩子的上网时间，上网时要监督；电脑最好不要放在孩子的卧室里，而应该放在大人的卧室里，放在其他有锁的房间里也行，但钥匙一定要在大人手中；一定不能让孩子玩网络游戏，太容易上瘾了！"

　　把电脑放到家长卧室、放到有锁的房间里、把网线拔了之类的事情，是一些担心孩子上网成瘾的家长的通行做法，而这些做法其实是愚蠢至极、绝对不可取的。这样做不但起不到好作用，反而会让情况越来越糟糕，因为你的控制会让孩子感觉更空虚，那他就会不惜一切代价地去排解这种空虚，寻找机会继续上网，那时，网吧将是他的首选，而网吧的环境对孩子的身心健康都有害。

　　像 Case B 中这位母亲一样看着孩子上网的家长，采取上述做法的家长，因为怕孩子交网友、浏览不健康网站，或担心孩子沉迷于网络，而用"看着"这招来管孩子，实在是下下策。

　　一般而言，孩子上网有三种主要活动：玩游戏、聊天、学习（查找资料）。至于这几种活动的时间投入多少因人而异，女儿依依的时间投入分三个阶段：幼儿期间只是玩游戏，玩一些益智类的小游戏；小学期间，是以玩游戏为主，聊天为辅，学习次之；而上了中学，则与小学时完全颠倒，是以学习为主，玩游戏和聊天为辅。

　　这是因为，孩子年幼时，玩耍是他的主要活动，此间孩子尚没有充分的人际交往和学习需要，所以没有聊天和学习内容；到了小学阶段，孩子除了玩耍，生活中增加了与同学和小伙伴的交往，并且已经进入学习的阶段，所以与网友聊天和学习（查找资料）就成了他们上网的内容之一；而孩子进入中学后，随着年龄的增长、视野的开阔、学习任务的增多，玩耍已不足以吸引他的全部注意力，探求知识则升为他的首选，所以这期间孩子上网的内容，大多是以与学习（查找资料）有关的事为主，而玩网络游戏和与 Q 友聊天就退居其后了。

家长"看着"孩子上网，累了自己，伤了孩子，真可谓得不偿失。家长的心情是可以理解的，担心孩子学坏，可这样的做法只能事与愿违。这种做法，正如孩子所言，是对他的不信任、不尊重的直接表现，所以我们要尊重、信任孩子，那就要放手让孩子自己去上网。当然也不是大撒把，而是要把上网的利害关系给孩子讲明，并做一些科学合理的约定。这样除却孩子的自尊得到满足外，还可以提高孩子的自我控制能力、鉴赏能力等综合素质，岂不是一举多得？

孩子的自觉性相对较差，容易网络成瘾，这是事实，为此有的家长为了限制孩子的上网时间，就在电脑上装了一种限制时间的软件，或者看着孩子上网，把原本融洽的亲子关系，搞成了紧张的敌对关系。这样孩子苦，家长也累，而且这种治标不治本的做法，往往事与愿违。

其实，我们可以通过交流与孩子达成共识，让孩子知道在不影响学习的前提下，可以自行上网，但时间和内容有所控制，一般一天不超过2小时，以1小时为宜，周六、日和假期可适当增加1小时。这是让孩子知道，网络只是学习和生活中的一部分，是一种辅助工具，过度地上网或不健康上网，不仅会影响学习，对身体发育也是有害的。

女儿依依从小就接触网络，从一开始，我就告诉孩子，用电脑绘图、上网玩游戏，都只是她玩耍的项目，玩一会儿就应该去玩别的游戏。后来孩子渐渐大了，可以用电脑和网络学习了，我还是告诉她，这只是帮助你学习的一种辅助方式，无论是上网玩耍还是学习都不可时间过长，一定要控制在2小时之内，最好在1小时左右。我没有看着孩子，而是让她自己去把握，这种放手的信任，赢得了孩子遵守诺言的积极回应。

多年来，每天我都会安排一段时间，把电脑让给依依。在这个时间段，依依可以自由使用电脑。于是孩子上网玩游戏、打开邮箱发电子邮件、制作电子贺卡，跟同学及朋友用QQ聊天，浏览感兴趣的新闻，等等，在网上做着自己喜欢做的事情；而规定的时间到了，依依会很自觉地从电脑旁走开。所以，尽管依依天天接触网络，也没有受到不良的影响，而且还充分利用了这一集娱乐与学习于一体的用具。

依依利用网络开设了自己的电子邮箱、QQ空间、个人主页和博客，与他人相互交流与学习。如今，上网已经成了她生活中不可缺少的一部分，网络陪伴着她健康成长。

"以人为本"不仅仅是一句口号，它体现的是个体为他人着想，是对他人的一种尊重。尊重彰显人性教育的光辉，人性教育就是遵从人类天性的教育。

遵从人性就是以尊重为大，顺性而为。家庭应该创造一个民主、平等、自由的环境，使孩子感觉到爱和尊重，由此保证孩子充足的精神营养，让孩子健康成长。

第34法　出奇制胜——没有什么不可以的

释义：唐代文学家陆贽的《论替换李楚琳》中有："楚琳卒伍凡材，厮养贱品，因时扰攘，得肆猖狂，非有陷坚殪敌之雄，出奇制胜之略。""出奇制胜"原指作战时运用奇兵或奇计，出其不意，制伏敌人；现泛指不遵循常规，用新奇的、出人意料的办法获胜。

法旨：本法旨在让家长知道对孩子的教育引导，不能因循守旧、墨守成规，而要打破常规、与时俱进，找到适合自己孩子成长的方法。

亲子关注 >>>

很多家长都没有明确的教育理念，要么按照老一套来教育孩子，要么盲目跟风，这两种做法都不利于孩子的成长。那么，父母应该如何做，才能找到适合自己孩子成长的最好办法呢?又该如何培养孩子的求异思维与创新思维呢?

案例聚焦 >>>

Case A ——

司马光是伟大的史学家、卓有建树的政治家,同时也是著名的思想家。提起他,人们都会想起这样一个传承了千年的故事。

司马光小时候,有一次,他跟小伙伴们在后院里玩耍。院子里有一口大水缸,有个小孩爬到缸沿上玩,一不小心,掉到缸里。缸大水深,眼看那孩子快要被没顶了。别的孩子们一见出了事,吓得边哭边喊,跑到外面向大人求救。司马光却急中生智,从地上捡起一块大石头,使劲向水缸砸去,"砰"的一声,缸里的水流了出来,被淹在水里的小孩也得救了。

这就是流传至今的"司马光砸缸"的故事。司马光的成长得益于他母亲不循常规的教育引导。司马光5岁开始读书,由于父亲忙于公务,母亲便承担起对儿子的启蒙教育,她给儿子讲的故事都是关于如何思索、如何开拓思维的,她告诉孩子同一件事情有很多解决办法,不一定要用老办法,小司马光暗暗记下了母亲的话,成了比别人更具智慧的孩子。

Case B ——

周婷婷——16岁成为中国第一位聋人少年大学生,18岁主演电影《不能没有你》,20岁成为中国第一位在美国获得硕士学位的聋人留学生,22岁荣膺《中国妇女》时代人物,24岁被美国两所顶尖学府——哥伦比亚大学和波士顿大学录取为博士生……

幼时的婷婷,因为听不见也不会说话,几乎不会笑。在幼儿园,谁也不和她玩,她总是缩在角落里,想拉屎撒尿却不会表达,常常拉在裤子上。数九寒天,父亲周弘看着冻得瑟瑟发抖的女儿,心都碎了。

家教兵法

"在孩子们身上，存在着不可估量的潜在能力，抛弃错误的教育方法，无论什么样的孩子，其能力的幼芽都能茁壮成长起来。"正是父亲周弘的不抛弃不放弃、打破常规、大胆尝试，才造就了周婷婷的成功。周弘说道："我专找孩子的优点。通过我们做家长的小题大做，无限夸张，使星星之火发展成为燎原之势。怎么夸张？记得我第一次给婷婷做应用题，10道只做对了1道。也许这时候有的家长巴掌就过去了，我没有，我在错的地方不打叉，对的地方打了一个大大的勾，然后发自肺腑地对她说：'婷婷，你太了不起了！第一次做应用题10道就对了1道。爸爸像你这么大的时候，碰都不敢碰哎。'小婷婷听了这话，自豪极了，越来越爱做，一次比一次对得多，升初中考试，数学考了99分。"

东子热线 >>>

如果司马光的母亲沿用老一套方式教育孩子，就不会有"司马光砸缸"的故事流传，也不会有思想家司马光；如果没有周弘这样"逾矩"的爸爸，也就没有周婷婷的今天。从他们"没有什么不可以"的故事中，体现出一种感性的向客观环境发出挑战的决心！这是一种激情状态下的豪情壮语，也是东子自身成长经历和教子的感言。这种心态往往能产生意想不到的效果！

小学毕业教大学，作文最差成了作家，叛逆少年成了心理专家，"坏孩子"成了教育家……前面那些传统偏见都被东子打破了；三年半读完小学，两年半读完初中，高分考入大学，不满16岁出版了四部书，而且还收获了"品行好，能力强"，这在女儿范姜国一身上得以体现。

我们父女的成长经历，正是不循常规的教育思想出奇制胜使然。我们的经历说明：人的未来确实有无数可能，只要你敢想敢干，没有什么不可以！

对女儿的成长，我做了很多与现行教育相悖的事情，比如不上重点学校，不择校，不做家庭作业，不上课后班，让孩子多玩……

其实，最初我是不打算让孩子到学校学习的，不接受中国的这种应试教育，计划在家完成高中学业，有条件我就送她出国学习，没条件就就业，而且我很自信地认为，在我家里高中毕业的范姜国一，一定要比中国一般大学的毕业生综合素质要高，生存能力要强。鉴于目前中国的教育体制的不合理性，参考自己走过的学习之路，我相信，我的女儿不上学，照样成才！

但后来我还是放弃了最初的决定，无奈地牵着孩子的手走进了校园。这样做当然不是向应试教育妥协，而是我知道孩子不能缺少集体生活，不然她会缺失集体意识、合作意识和竞争意识；没有伙伴，孩子会缺少很多快乐，而且容易导致孤独、抑郁、自闭等不健康心理。

但是，这不等于我把孩子完全交给了学校。我送孩子上学的目的很明确：我的依依来学校不是单一学习的，而主要是来玩的，来感受集体生活、结交朋友的。所以，当别的家长为能把孩子送进重点学校费尽心思的时候，我则悄悄越过家门口的两所重点学校，把依依送到了旁边的普通小学；当别的家长把孩子交到老师手里，殷殷嘱托老师要严格要求孩子时，我则再三嘱咐老师，不要给孩子太多压力，要让她快乐地学习、玩着学习。

可是，孩子既已进了学校就由不得我了。成为小学生的依依每天早早起床，背上大大的书包匆忙赶往学校，中午回家草草吃了饭，再急急奔向学校，直到日落西山才算"解放"回家，回家后还有一大堆作业等着，即便不停地写，也要忙到晚上八九点钟。我心疼地看着依依的快乐在索然寡味地重复作业中日渐减少，创造力、想象力在"条件反射式"的解题过程中日渐消逝，不得已我开始了和学校"争夺"依依快乐的"战争"。

在和应试教育不断碰撞的过程中，我也在不断地思索，在"让孩子快乐成长"这一思想的基础上，我越来越明确了自己的教子理念：既然不得不选择学校，那就让孩子避开学校教育中的繁复和沉重，走一条在玩中学的快乐学习之路，真正做到"学习着是快乐的"的"寓教于乐"。在这一理念的支配下，成熟的"三三教育"这一看上去和现行教育很不协调的教育模式诞生了。

"三三"即"三多三好三强"。"三多"即玩耍的时间多、看电视的时间多、看课外书的时间多；"三好"是国文好、国语好、学习好；"三强"指自理能力强、自立意识强、心理素质强，而支配这个"三三"的核心是快乐。

因为我说过，教育的最终目的是要孩子具备生存能力，可以自立于世，创造价值，而我的"三三教育"正可以实现这一目的，通过"三多"，实现"三好""三强"，具备了"三好""三强"，自然也就具备了生存能力，**具备了成才的基本素质。**

所以，尽管大多数人很清楚现行教育体制存在的问题，尽管也想踩着别人的脚印作一下改革的尝试，但还是一面赞叹着那些敢吃螃蟹的人的英勇，一面依旧"温顺"地应和着应试教育……

我也有这样的心理，所以才没有坚守当初不让孩子上学的决定，但是，我也绝不能眼睁睁地看着我的女儿在应试教育的"大棒"下挣扎。所以我一直在寻找一条既不影响孩子接受现行教育，又能弥补这种教育缺陷的新的教育模式。

正如古人所云："修旧日新。"

10年的实践证明，我的理念不是美丽的幻想。依依不仅尽情地玩过了小学，而且轻松地乐过了中学、走进大学，更重要的是不满17岁的依依，具备了良好的品质和较强的综合素质。

这些年，择校一直困惑着家长。

11年前，女儿结束学前班生活时，我也面临同样的问题。我家附近有全省闻名的吉林省第二实验学校和东北师大附属小学等重点学校，也有非常普通、名不见经传的228厂子弟小学和光机子弟小学。当一些家长费尽心机把孩子往第二实验学校、师大附小送的时候，我则不声不响地到228厂子校给女儿报了名。

挨着重点学校不去，干嘛把孩子送到一个普通学校去？

首先，我不赞成择校，而是一贯主张就近入学，这样做既免去了家长和孩子的奔波之苦，又节省了择校费、交通费等诸多费用；其次，因为我信一个理：一个人能否成功或者说有无出息，很大程度上取决于主观因素，而客观环境仅仅是众多因素之一；再次，普通校有着相对轻松快乐的成长氛围。

想想我们的求学时代，因出身农家，我读的是简陋不堪的乡村学校，走到今天，自觉混得还可以。所以，重点学校培养的不一定都是人才，而普通学校不一定培养不出人才。况且，家长都忽略了一点，无论是重点学校还是普通学校，孩子学习的内容都是一样的，一样的课本，一样的教学大纲，即便师资和教学水平也差不了多少。我相信依依上重点学校是她，上子弟学校还是她，绝不会因为上重点校就成了神童，上了子弟学校就成了庸孩。

不送女儿上重点校，只是想让孩子明白：将来她的成功完全要靠她自己主观上的努力，不要有任何依赖于外界条件的思想；不送孩子上重点校，还想让孩子知道：爸爸妈妈虽然希望她将来能有出息，但更希望她能拥有快乐。远离重点校人为造成的激烈竞争气氛，让孩子在相对宽松的学习环境中度过她的学习生活，这是我们的心愿……

就这样，5岁半的女儿牵着我的手来到228厂子弟小学，成为普通校的一名普通小学生。在去往学校的路上，我告诉孩子："228厂子校校园的花和第二实验学校里的一样漂亮，228厂子校里老师脸上的笑容和第二实验学校老师的一样灿烂。228厂子校不比任何一所学校差，别的学校有的它都有，比如笑声、歌声、掌声、阳光、雨露、关爱……"

如今，这一切都储存在女儿的记忆里。就这样，女儿用3年半时间，就快快乐乐地修完了小学学业，其间还写出一部畅销书《玩过小学》。

不满10岁，范姜国一就迈进了初中，到初三第一学期结束时，女儿告诉我下学期要开始为期半年的总复习，以期备战中考。因为我一直不认同这种苦学死学的应试教育，所以认为这半年的复习没有任何意义，纯属浪费生命，这样的复习还不如让孩子快乐地学些技能、培养一下品行。当我和孩子谈了自己的想法后，孩子欣然同意！

当别的同学在早自习的课堂上苦学死背时，而依依却依然在甜美的梦乡中；别的同学在课堂上冥思苦想日考题目时，而女儿却游走在田野里、大街上，或在室内练跆拳道、学计算机；别的同学在晚自习的课堂上为一题不解而发愁时，而依依却畅游在电脑、电视、书报刊中，在休闲娱乐中觅取知识的琼浆……

这就是范姜国一的初三生活。

通过此间的学习与训练，女儿身体素质、心理素质、表达能力、交际能力、适应能力、阅读能力、写作水平、计算机应用能力等综合素质得以明显提高，同时还收获了一部书——《范姜国一的快乐初中》。

女儿刚上学的前两年是做家庭作业的，后来通过了解，我知道孩子做着不知道做过多少遍的题，心里都烦透了。学习任务增大，学习时间延长，可是学习的知识量一点也没有增加，每天都是在进行着重复性的"劳动"，从小养成爱学习习惯的依依，由此也对学习失去了兴趣，我感到这是一个可怕的信号。

看着女儿每天早出晚归，一大堆作业要做到晚上近10点，稚嫩的小脸愁眉不展，我心里难受的同时，也在想这种单一、枯燥的学习和练习，自然会减少孩子学习的乐趣，增加孩子的学习压力和课业负担。所以，我决定不让依依做家庭作业，把孩子从机械、重复、繁琐的作业中解放出来。

于是，我来到学校与班主任老师和校长反复沟通，终于争得减免依依家庭作业的权利。当班主任知道校长也是勉强同意孩子不做作业的事后，还善意地告诉我："反正孩子是你的，如果她学习成绩不好，你可别怨我。"

"不做作业，孩子放学后干什么？"听说孩子不做家庭作业，一些家长瞪大眼睛问我。

室内外玩耍、看电视、上网玩游戏、看课外书、做家务……孩子的活动丰富着呢，在我看来，这一切都比做作业有意义。这样的玩耍，对于孩子来说，不仅活跃了身心，提高了智力，还提高了学习效率，让她感觉到了学习的快乐。

因此，依依的学习不但没有受到不良影响，反而学习兴趣更浓，学习能力提高了，学习成绩也是不断上升。孩子做作业时，学习成绩在班级是中等偏上，而后是班级前几名，由此跳了级。

正如女儿在她的新书《一路玩来是长大》中所写的："因为我有一个与众不同的老爸，给了我一段与众不同的经历，才使得我在应试教育大环境下，玩得尽兴，学得开心，获得了知识和技能的双丰收。"

如果东子也如大多数家长一样，因循守旧，按老一套引导孩子成长，范姜国一自然也要备受应试教育的煎熬，而且得不到这样好的优化。

如高尔基所说："如果学习只在模仿，那么我们就不会有科学，也不会有技术。"摆脱固守的枷锁，勇敢地冲出重围，出奇制胜，没有什么不可以！

第35法　大胆放手——鼓励孩子敢想敢做

释义："大胆"是敢于的意思；"放手"是松开手脚，解除不必要的约束。"大胆放手"就是敢于放开手脚，解除对他人的制约和束缚。

法旨：本法旨在让家长知道对孩子不要一味地保护和束缚，而要大胆放手，让孩子勇于冒险，敢想敢做，不畏艰难。

亲子关注 >>>

有些父母过多地照顾和保护孩子，不给孩子提供独立自主的机会；也有些父母在孩子要做一件事时，不是鼓励，而是担忧地问："你能行吗？"或者说："这事你做不来的，还是等长大再说吧。"这样，很容易破坏掉孩子的自信心，从而使孩子对自己的能力产生怀疑，形成孩子的性格缺陷。那么，父母应该如何做，才能使孩子形成敢想敢做的性格呢？

案例聚焦 >>>

Case A ——

明代著名的地理学家徐霞客是很多人羡慕的游侠，他出生在江苏江阴一个有名的富庶之家，祖上都是读书人，称得上是书香门第。按理说，考取个功名，弄个一官半职也优哉游哉，可他却不安于现状，非要游走四方做个侠客。侠客说起来好听，让人羡慕，可做起来就难了，不仅要遍尝旅途的艰辛，还要冒着被豺狼虎豹吃掉、滚落山崖等生命危险，可谓出生入死。

徐霞客28岁那年，来到温州攀登雁荡山。他想起古书上说的雁荡山顶有个大湖，就决定爬到山顶去看看，可他爬到一个悬崖边，发现没路了。他仔细观察悬崖，发现下面有个小小的平台，就用一条长长的布带子系在悬崖顶的一块岩石上，然后抓住布带子悬空而下，到了小平台上才发现下面深百丈，无法下去。他只好抓住布带，脚蹬悬崖，吃力地往上爬，准备爬回崖顶。爬着爬着，带子断了，幸好他机敏地抓住了一块突出的岩石，不然就会掉下深渊，粉身碎骨。徐霞客把断了的带子结起来，又费力地向上攀援，终于爬上了崖顶。

这样的冒险故事，在徐霞客的人生中有很多。

Case B ——

比尔·盖茨靠什么法宝建立了他的微软帝国？他为何在竞争激烈的现代经济中独占鳌头而历久不衰？

在比尔·盖茨看来，成功的首要因素就是冒险。在任何事业中，把所有的冒险都消除掉的话，自然也就把所有成功的机会都消除掉了。他自己在一生当中，一贯的特性就是强烈的冒险天性，他甚至认为，如果一个机会没有伴随着风险，这种机会通常就不值得花心力去尝试。他坚定不移地认为，有冒险才有机会，正是有风险才使得事业更加充满跌宕起伏的趣味。

比尔·盖茨是一个具有极高天分、争强好胜、喜欢冒险、自信心很强的人。对冒险精神的培养，他从学生时代就开始了。他在哈佛的第一个学年故意制订了一个策略：多数的课程都逃课，然后在临近期末考试的时候再拼命地学习。他想通过这种冒险，检验自己怎么花尽可能少的时间，而又能够得到最高的分数。他做得很成功，通过这个冒险他发现了一个企业家应当具备的素质：如何用最少的时间和成本得到最快最高的回报。

东子热线 >>>

在中国捆绑式的家庭教育模式中，家长对孩子的基本教育方针是保护、替代、灌输、训导。这种过度的保护，使家长因担心孩子安全或做不好而不敢放手，束缚了孩子的手脚，他想做不想做的事情都得听家长的安排，家长说什么他就得做什么。

所以，当孩子要做一件事时，很多家长不是鼓励，而是担忧地问"你能行吗？"，或者说"这事你做不来的，还是等长大再说吧"。其实，这样的语言很容易破坏孩子的自信心，从而使孩子对自己的能力产生怀疑。当孩子兴致勃勃地要做一件事情的时候，我们做父母的要做的，除了确保安全之外，就是对孩子放手，给他创设一个宽松、自由发挥的空间，让他独立、勇敢地去做他想要做的事情。

一个很有代表性的例子是：在美国有一个有很多华人居住的地区，那里很多孩子喜欢玩滑板游戏。在街道两旁、广场的水泥路面上，常常有美国孩子冲来撞去，在几尺来高的台阶上跃上跌下，令人不禁为他们的安全捏了一把汗。有趣的是在这些玩滑板的孩子中，中国血统的孩子很少，原因是什么呢？玩滑板需要技巧，虽然中国人玩具有技巧性的游戏，向来是不在话下的，但玩滑板同时还需要胆量，因为它具有一定的危险性。

同样在美国长大，为什么中国血统的孩子玩这些冒险游戏的很少呢？追本溯源，在于中国家庭的传统意识上。许多中国家长认为这种游戏太危险，很容易摔断四肢，因而不鼓励孩子玩。虽然这种游戏对孩子的胆量是一种挑战与训练，但中国家长还是认为冒这种风险让孩子去获取胆量不值得，保险系数低。家长们的这种看法对孩子们有很大影响，使他们本来就有的、对这种运动的畏缩情绪更受到抑制，因而有理由后退。

这种对身体的过度保护带来的性格上胆怯的缺陷，比一些不严重的外伤更具有损伤性，而且这种性格上的伤害将是终生的。外伤会很快痊愈，性格软弱却不是一朝一夕能改变的。当然不是说我们鼓励孩子随意冒险，这里有一个界限问题，但**鼓励孩子有一定冒险精神，有克服胆怯的勇气，有与别人一比高低的信心，**却是十分重要的。许多体育运动都具有培养孩子勇气、信心及冒险精神的特性。鼓励孩子积极参加有挑战性的运动，无疑会给孩子将来的人生发展带来很大的益处。

我喜欢动物，爱看纪录片，中央电视台的纪录频道总能满足我的这一需求，很多镜头令我难以忘却，尤其是角马冒着生命危险迁徙的壮观场景。

每年8月初，成群结队的角马分批越过马拉河进入东非地区肯尼亚的马赛马拉草原，遥望河对岸的青原，一些角马跃跃欲试，而此时河里集聚了大量的鳄鱼，正等着饱尝大餐。先跳下去的几只角马，或是成了鳄鱼的盘中餐，或是因激流暗礁伤残致死，而侥幸到岸又成了狮子的猎物。

角马群面对死亡的威胁，只好在河边徘徊犹疑，越来越多的角马涌来，前排不断受到推挤的角马开始骚动起来。这时，最前沿的一只角马忽然从一块巨石上以夸张的姿态扬起前蹄，挺身直立，再躬身弹起，四蹄前后伸展，尾巴高扬，跳入河中。它的举动仿佛吹响了渡河的号角，数万只角马开始一只接一只，扬鬃奋蹄跃向河水，顿时河面上水激浪涌。

角马、鳄鱼和狮子都忙碌起来，汹涌的角马大军让鳄鱼和狮子措手不及，除却少量年老弱小的角马被鳄鱼和狮子大快朵颐外，"大部队"安然通过死亡地带，角马的冒险使其家族获得了新生。

英国诗人雪莱说，如果你过分珍爱自己的羽毛，不使它受一点损伤，那么你将失去两只翅膀，永远不再能凌空飞翔。

冒险其实就是一种积极的心态，是面对生命中各个阶段的不同挑战的勇气。人只有相信自己，才会勇往直前。在生活中，一个敢于冒险的人，肯定是自信、自强的人，他清楚自己的优势所在，当然也清楚自己的不足，所以有信心发挥优势，扬长避短。一个拥有知识的人，不一定能够走远，而一个拥有冒险精神和自信的人，却能走遍天涯海角。

家长在教育孩子过程当中，不能仅仅教导孩子你不能干这样，你不能干那样，而是应该鼓励他们，让他们充满信心地去做一些事情，去发现一些事情。因为当孩子来到世界上的时候，他总是充满好奇心的，而磨灭孩子好奇心的实际上是我们成年人。我们应该让孩子走出房间，走出自己的家门，让他们到外面去发现一些新的事物、新的东西。

适当鼓励孩子冒险，这需要你在他尝试新事物时支持他，即使你明知道行不通，有时也要让孩子尝试一下，即便失败也可获得一些真实的体验。在这一过程中，家长一定要赞赏孩子的尝试精神。

成功者是那些愿意尝试新东西的人，而其他人一般不愿或不能尝试。没有冒险精神就不会深入探索，不去探索又如何获取成功呢？无论是我们的先人徐霞客，还是我们的外国友人比尔·盖茨，他们的成功都是源于他们冒险的探索。

从某种程度来讲，女儿范姜国一的快乐成长就是我冒险的结果，如果没有我这样的冒险家长，孩子自然和其他孩子一样按部就班地成长。我的一些冒险举动，保全了孩子的快乐童年，使她的创造力、思维力、想象力得到了很好的保护和优化，所以，女儿也是我的一部冒险出来的"作品"。

"冒险是成功的前提"，这是美国西点军校的第八条军规，这条军规里特别强调"冒险精神增强你的勇气""步出行列，成功的就是你""不去冒险是最大的危险""冒险是一种勇气""冒险与机遇并存"。

冒险就是要放手去做，成功与冒险总是成正比，所有的成功都是敢想敢做、敢于冒险的结果。不经过无数次的冒险，人类是不可能从茹毛饮血的原始生活方式，进化到今日能够坐在空调房子里品尝咖啡的现代文明的。哥白尼的天体运动论、卢瑟福的原子结构模型、新大陆的发现和开垦……

人类的一系列发现创造和社会变革，皆始于冒险。

当然，鼓励冒险，绝不等于提倡蛮干。对于成功者而言，冒风险的前提是明了胜算的大小。作出冒险的决策之前，不要问自己能够赢多少，而应该问自己输得起多少。一点儿把握都没有就盲目冒险，那人的胆量越大，赌注下得越多，损失也就越大，离成功也就越来越远。

孩子从需要被照顾和保护，到自己独立生存，是一个漫长的过程。在这个过程中，做父母的一定要克服"爱心"，不过多照顾和保护孩子，而是有意识地给孩子提供独立自主的机会。只有放手让孩子去做、去想、去努力，才能使孩子逐渐形成独立的观念，并以丰富的经验和坚强的意志去迎接未来的挑战。

大胆放手，让孩子敢想敢做，就是要经常鼓励孩子，告诉孩子他们是很强大的，是有力量的，是可以做到一些事情的。让孩子接受冒险锻炼，有助于培养孩子的耐力、速度、灵敏、协调、柔韧等身心素质，以及社会适应能力，有助于培养孩子在困难面前冷静地动脑筋想办法的习惯。人生的旅途上是不会一帆风顺的，挫折和苦难是促进孩子成长的催化剂。

因此，家长应该及早放开手脚，有意识地对孩子进行冒险锻炼，创造环境对孩子进行意志品质的磨练，让孩子敢想敢做，坚强勇敢、沉着自信地走向未来。

第36法　志在鸿鹄——放飞梦想成就未来

释义："志"是志向、理想；"鸿鹄"是古人对天鹅的称呼。《吕氏春秋·士容》中有："夫骥骜之气，鸿鹄之志，有谕乎人心者，诚也。"《史记·陈涉世家》中有："嗟乎！燕雀安知鸿鹄之志哉！""志在鸿鹄"用来形容远大的志向。

法旨：本法旨在告诉家长如何帮助孩子树立远大理想，并为孩子实现理想创造机会。

亲子关注 >>>

　　志当存高远，而现在的孩子们在应试教育的高压下，在父母千辛万苦的逼迫下，忙于应付学习，而忽略了志向，这使孩子形成消极的心理状态，没有追求理想，让理想实现的动力。那么，父母应该如何做，才能帮助孩子树立远大理想，并为理想而努力呢？

案例聚焦 >>>

Case A ——

先讲讲开国领袖毛泽东的志向：

毛泽东的青少年时代，既是中国内忧外患、民族危机不断加深的时代，又是各种文化思潮相互碰撞、思想信仰不断变化的时代，社会处于剧烈的转型和变革过程中。十几岁时，他写下了"孩儿立志出山关，学不成名誓不还。埋骨何须桑梓地，人生何处不青山"的诗句。正是这种恢宏的气魄和远大的志向，成就了一代伟人，让共和国崛起于世界民族之林。

毛泽东少年时喜看《水浒传》和《三国志》，梁山好汉成了他心中的偶像。于是，少年毛泽东立下了除暴安良、整治朝纲的宏大志向。随后，他历经艰辛外出求学，接受新思想，从而走向了广阔的社会舞台，最终成就了革命大业。

Case B ——

有一位妈妈无奈地说：

"我的孩子11岁了，在家里生活拖沓、懒散，什么也不爱做。学校老师也反映他进取心不强，分高分低不在乎。一次学校搞活动，老师在全班同学中调查每个人的志向是什么，只有他说没想出来。

"孩子放学回到家，我问他怎么没有志向呢。孩子顶撞我说：'志向，志向，什么志向啊，说了有啥用，学习不好将来考不上大学，啥也干不了。再说你以为我同学说的志向是真的？都是哄老师玩的，我是不想骗老师罢了。'我问他那就没有想做的事吗，孩子说他只想玩不想学，学习太苦没意思，甚至流露出活着都没意思的消极情绪。"

家教兵法

东子热线 >>>

不是每个人都是毛泽东,也不是谁都能成为"毛主席"。一个人的成功有主观因素,也有客观因素,但是主观不进取,一切客观条件都毫无用处。以毛泽东为例,他少时家境虽然不是十分富有,但至少还是衣食无忧,在当时的中国也属于现在的小康生活了。如果他顺从父亲的安排,帮助父亲经营田地管管账,这在一般的人看来,也算不错,可是他没有满足于现状,而是立下志向,要走出山关。

外出求学数载,从湖南第一师范学校毕业后,他本可以谋得教师或是文员等职事,让当时大多数中国人羡慕的"白领"工作,这对于农家出身的乡伢子来说,该是何等的美差!可是为了实现少年时代立下的雄心壮志,他毅然丢掉人人羡慕的"铁饭碗",冒着丢掉身家性命的危险去闹革命。主观的宏大志向,客观的社会现实,铸就了他不朽的丰功伟绩。

毛泽东的鸿鹄大志成就了他,而当下很多孩子像Case B中的那个孩子一样没有志向,有些有志向的也是父母的志向或群体共有的志向。近几年,东子在对中小学生的调查采访中,发现很多中学生除了考大学,基本没有什么明确的志向,小学低年级和幼儿园的孩子还有些志向,什么科学家、教师、医生、警察之类的,这些所谓的志向也都是受家长和老师的影响;小学高年级的孩子的志向,主要集中在当大官、挣大钱、做明星一类;而到了中学,很多孩子除了考大学,根本没有什么志向。这是何其可悲?呜呼,哀哉!

少年的东子尽管生活在物质匮乏的年代,但仍和同时代大多数孩子一样,有着自己的梦想,憧憬着属于自己的美好未来。

我的第一个梦想和现在幼儿园孩子的想法比较一致——当老师。最初的想法和高尚沾不上边,那时也不懂什么"人类灵魂工程师""光辉的事业"之类的说法,我是很单纯的,甚至有些自私的想法,主要是看着老师管学生很神气。因为我是个调皮的孩子,经常被老师责打,所以就想等长大了也当老师，不仅可以脱离被斥责的苦海，还可以去训斥管教他人。

当然，后来长大了，这个想法也随之改变了，但是很多年后我还真的当了老师，不是管小孩子的老师，而是"管"大孩子和大人的老师。这些年里，无论是在大学教书，还是给成人班授课，我都感觉当老师很幸福，也很有成就感。

那时的农村，文化生活很单调，除了和泥巴、木棍儿做伴，基本没有什么娱乐活动。有一天，我的一个远房舅舅从哈尔滨回到老家，为大家讲起了评书《瓦岗寨》和《水浒传》，我听得很着迷，以至于这个舅舅在老家待了一个月，我跟着听了30天。

在听评书的过程中，我深深地崇拜书中的英雄豪杰，希望自己长大了也能够像他们一样，拉起队伍占个山头当山大王，一边练兵习武，一边垦荒种地，杀富济贫，除暴安良，甚至还想过，也要去抢一个漂亮村姑做压寨夫人，把村姑的父母接到山上奉养。后来我还想过，如果皇上昏庸就推翻他，自己当皇上，善待我的子民。

这就是我的第二个梦想——当山大王。

而第三个梦想是与第二个梦想交叉来的。

在当时的农村，有一项非常重要的文化活动，几乎是全家出动，那就是魅力无比的露天电影。公社（乡）有一个电影放映队，每天晚上只要不下雨就会下乡放电影，电影的内容大都是抗战打鬼子和内战打国民党，每次看后，少年东子都热血沸腾，期盼自己快快长大，好当兵到前线杀敌。

后来这个梦想果真实现了，我穿上军装当了兵，可是由于鬼子归国，"国军"去台湾，所以鬼子和国民党是没得打了。作为军人，和平年代不能杀敌报国，我感到很是遗憾，既然钢枪不能上膛，我所幸握起了手中笔，一不留神就成了今日的所谓作家。

少年时的我还有三个较为实际的梦想——做城里人、当工人、娶城里媳妇。为了实现这些梦想，我付出巨大艰辛，一路打拼走到今天。"千淘万漉虽辛苦，吹尽狂沙始到金。"如果当初我像身边大多数人一样，安于农村的安逸生活，守着一方薄田，好好种地，攒钱盖房子，娶媳妇，您就不可能看到《家教兵法》这部书了。当然，我不是说在农村当农民就不好，只是社会价值的体现有差异。回顾40多年的人生历程，如果没有当初的远大理想，就没有东子的今天。所以说，孩子从小要有梦想、有目标，并且要为了梦想不断努力，勇往直前！

可是当下许多孩子的美好梦想和远大志向，早已被功利的家长扼杀了，被应试教育蚕食了，所以，才会出现孩子幼时有梦想，越长大越没有志向这种现象。

每个孩子都有自己的梦想，但这个梦想的形成是渐进的，要经历从有一个初步设想到牢固树立的过程。在孩子梦想萌发之初，家长需要点拨和引导孩子，需要精心呵护孩子的梦想。**对孩子的梦想不理不睬是错误的，拔苗助长也是行不通的。**

即使孩子的梦想很不入流甚至很荒唐，也不要不问青红皂白地一顿批驳，而要耐心地问清缘由，能支持的给予鼓励，不支持的也要给予必要的肯定。我对女儿依依幼时的梦想就是这样的，我没有因为孩子的梦想是卖金项链而斥责她，而是肯定了她的求异思维、创新意识和应变能力。

后来，随着孩子的日渐长大，她的梦想不断变换，也越来越显得现实与成熟。如今作为大学新闻学专业的学生，孩子的梦想是将来做一名优秀的节目主持人，今天我们没有理由不为她飞起来的梦想而高兴。

墨子有言："志不强者智不达。"

如花少年是个多梦的季节，家长一定要帮助孩子树立远大志向，教育孩子敢于立大志、干大事、成大业。有梦想的人，才能撑起一片属于自己的天空；有梦想的人，才有前进的一份斗志；有梦想的人，才能对生活充满激情。

立志要如山，行道要如水。不如山，不能坚定；不如水，不能曲达。

燕雀安知鸿鹄之志？做燕雀还是做鸿鹄，在于你的志向；能否飞得高，是否飞得远，在于你的梦想有多大。心有多宽广，天就有多辽阔。

"古之立大事者，不唯有超世之才，亦必有坚忍不拔之志。"从小有大志向，才能飞得更高更远。心里的世界有多大，未来的舞台就有多大。有梦想的孩子走得远，立大志的孩子飞得高。让孩子放飞梦想，去迎接属于他们的美好未来吧！

第六篇 逾矩法——大胆放手，孩子更优秀

附 录

东子家教问答

这是东子在2013年接受媒体采访和做讲座时,对家长提问的部分回答。

问:请问孩子开口比较晚,有没有什么办法可以提高他的说话能力?

答:孩子发育情况不同,有早有晚,不要逼迫和指责孩子,可以适当做些口语训练。

问:如何让孩子戒掉电视瘾?

答:天哪,怎么可以让孩子戒掉电视瘾呀?从我女儿能够看电视那天起,我就坚持一个理念:让她多看电视。因为看电视是一个很好的学习途径,电视只是工具,如何用,关键在人。引导得法,电视就是学习知识、开阔视野的窗口。

问:在孩子学有能力的前提下,您赞成让孩子提早学习课本上的知识吗?

答:幼儿阶段的孩子,正处于身体发育的关键时期,身心健康最重要。玩耍是孩子的天性,是他感知和认识世界的重要组成部分。要让孩子玩得开心尽兴，因为这可启迪他的心智。所以，不要让孩子太早学习课本知识，玩到5岁，学啥都不晚！

问：大多数80后夫妻的孩子都是由其父母带大，80后现在正是需要忙碌奔波的时候，而且由于我们大多都是独生子女，父母习惯为我们分担生活上的事情，包括带孩子，那么我们80后又怎样做好家长的角色呢？

答：无论怎么忙，尽量自己带孩子，父母永远是配角，要明确各自的教育职责，即便由于工作等原因不能天天和孩子在一起，也要抽出时间多看看孩子，孩子的成长计划一定要由父母制订并执行，当然这计划要科学合理。

问：孩子2岁时，应该注意哪些方面的教育和培养？

答：多给他讲故事，让孩子多玩，注意好习惯的养成和坏习惯的矫正，要宽容，学会合作。

问：我儿子26个月了，马上就要上幼儿园了，身边的家长都给老师送红包，我不想送，但害怕对孩子不好，纠结中……

答：这种歪风只能毁了孩子，所以，坚决不送！！！

问：我的孩子还不到1岁，但是我和老公的一致观念是让孩子顺其自然地念书，如果可以，尽量在远离城市的小镇上学、成长，我们认为这样可以让孩子的心灵和思想更纯净一些，不知道我们这样的想法是否妥当？

答：我赞成您的想法。我女儿上小学时，我也曾安排她到乡下读了一年书，受益匪浅。

问：2岁多的儿子总是寸步不离地跟着我,只要我在家,就不能看不到我,每天上班离家时,我都要跟他讲好久,怎么办?

答：父母之爱是孩子成长中最好的精神营养,但有时父母要狠下心来,割舍一些爱,不然孩子永远不能独立。

问：我的儿子今年7岁了,可是像没有头脑的人一样,很调皮,现在上一年级了,根本不听话,你说我该怎么办呢?

答：调皮的孩子,一般思维活跃,应该是有头脑啊,你们是戴着有色眼镜看孩子,不妨换个视角看看。再说了,没有必要非让孩子听话,家长不一定都正确,无论大人还是孩子,都要讲道理,以理服人。

问：东子老师好!我的女儿现在2岁8个月了,最近几天总吵着将来不去幼儿园,请问我怎么给孩子解释?

答：事出一定有因,问问孩子,找到根源,然后对症下药。

问：我家2岁多的宝宝,在跟小朋友玩的时候,遇到一点点所谓的"危险",就哭着找妈妈,躲到妈妈后面。遇到比他小很多的小朋友拿他的玩具,他都这样,我该咋办呀?

答：要培养他的坚强、自信、骁勇精神,男孩子总是唯唯诺诺的可不成,要多鼓励、少指责。

问：老师,你好,我女儿8个月了,几岁上幼儿园合适呢?2岁会不会早了?会影响孩子的成长吗?

答：一般到2岁半为好,孩子之间有差异,2岁也是可以的。

问：现在生活条件好,我家女儿,8岁,爱花钱,不珍惜文具,我要怎么引导呢？

答：别惯她那些毛病，你不给她，她又哪来的钱？板子要打在家长身上，到任何时候孩子都不要高消费，勤俭永远是美德！

问：孩子要给小朋友送礼物，该不该同意？

答：只要不是超出现实范围的礼物，当然要支持啦，千万不要漠视孩子间的友谊。

问：孩子只喜欢看电视，不爱看书，怎么办？

答：作为家长，你们爱看书吗？家庭氛围很重要，孩子会效仿的，有时间陪陪孩子看书，这样的亲子共读，既可以培养孩子的阅读习惯，又可以增进亲子关系。

问：我的孩子2岁了，我感到无法控制他，他非常倔强和固执，我说什么他都说"不"，哭闹、反抗……甚至明知道危险还是一边嘟囔着"不行，不行"，一边继续做着危险的事情。

答："控制"一词不恰当，要科学合理地引导，要有规则意识，规定孩子哪些事情可为，哪些事情不可为。

问：是多读书好，还是参加各种业余活动都有好处啊？

答：阅读改变人生，一定要培养孩子良好的阅读习惯，但是不要忽略孩子的一些爱好和户外活动，避免使孩子成为死读书的书呆子。

问：有一次，我发现孩子逃学，偷着跟同学打游戏，我狠狠揍了他一顿，后来他被我"镇压"住了，我不知道他在想什么。

答：您犯了过于主观的错误，孩子发生任何问题，都不要不问青红皂白地打骂斥责，而要耐心问其因由。靠武力是征服不了一颗心的，而应靠心与心的沟通，这样才能解决问题。

问：我的孩子10岁了，偷着拿我的钱出去买零食，怎么办？

答：首先不要斥责孩子，然后告知他这是不当的行为，最后坐下来和他沟通，听听他的想法。

问：我买不起钢琴，就算买得起，家里也没地方放，可是我又不希望自己的孩子比别人学得少，怎么办？

答：在中国大多数孩子是不情愿学钢琴的，而一些家长还是宁可借债也要给孩子买钢琴。家长的做法，其一无视孩子的感受，其二无视自己的经济状况。我看都不如给孩子买把锄头，让孩子到田间地头锄锄草更有意义，我就是这样做的。

问：我家六个大人围着一个孩子转，孩子没机会吃苦，房子、车子早给他备下了，就怕他自己将来没出息。

答：这个孩子基本已经没出息了！李天一难道还不能让你们觉醒吗？

问：我们家长整天为生计奔波，难道"希望自己的孩子比自己强"这种想法不对吗？

答：这都没错，但是应该建立在适合自己孩子实际情况的基础上，万不可强逼，被迫做的事情往往只能适得其反。

问：周围很多妈妈都在建议我给孩子报补习班，而我怕孩子累，但又怕孩子落在别人后面。我要不要从善如流？

答：首先我不认为这是"善"，其次我不赞成从众，再次要充分考虑孩子的感受。

问：我也认为"孩子健康快乐就好"，可是真到面对孩子时，常常忘记初衷！怎么办？

答：这不仅仅是一句简单的话语，而应成为家长的一种教育理念铭记在心。

问：只要孩子同学有的东西，孩子又喜欢，我就会给他买，这样算不算娇惯孩子？

答：这样的从众心理不可取，一是盲从，二是溺爱。爱要科学和理性，一要看孩子是否需要，二要视经济情况。

问："啃老族"越来越多，而且他们的人生也都幸福、快乐！那些只希望孩子幸福、快乐的父母，培养的孩子是不是会成为"啃老族"？

答：请你告诉我，哪个啃老的是快乐的？他们是无奈或醉生梦死，真正的快乐是靠自己创造财富而获得的。

问：宝宝2岁了，有的事情不依她，她就发脾气打人，怎么办？

答：不要惯她的臭毛病，无论大人还是孩子，都要以理服人，家长不可一味妥协，要学会说"不"！

问：我儿子已经上五年级了，他平时读了很多课外书，可是语文考试还是考不出高分，请问老师这是为什么？

答：孩子学好语文主要还是要靠课堂上认真听讲，领会、理解所学内容，课外阅读可以促进语文知识的学习，但孩子还要善于结合。喜欢阅读是个好习惯，要给予孩子鼓励，并要告诉他不仅要读,还要思索和动笔,多思勤写可以融会贯通,这个学得精透自然成绩就提高了。

问:我朋友的孩子很聪明,就是学习不好,考试从来没有及格过,朋友总是打他,有时逼着他学到夜里一两点钟,我知道他们的方法不正确,想得到专家的指导。

答:聪明的孩子学习不好肯定不是因为智力因素,应该是兴趣或方法的问题,家长这样残暴地对待孩子,孩子又怎么会有兴趣,又哪来的好方法呢?没有哪个孩子愿意考低分,我们要理解孩子,与孩子共同找出原因,然后对症下药。首先是安慰孩子,然后是鼓励,安慰与鼓励既是催化剂,又是力量的源泉。

问:老师,首先感谢您的演讲。我女儿上三年级,作为父亲,我经常纠正她的错误,孩子现在和我越来越疏远,我该怎么办?

答:应该说你是个尽责的好父亲,但好父亲未必就是合格的父亲,在你眼里孩子总犯错,所以你才经常纠正。不犯错的孩子长不大,但是孩子绝不可能总是犯错,而有时只是家长从成人的角度出发认为孩子错了,其实往往错的不是孩子,而是我们自己。如果你换一种视角看孩子,换一种方式与孩子沟通,孩子就会和你走得越来越近……

问:孩子上二年级,最近发现他没有以前听话了,总是有自己的想法,虽然我知道这是好事儿,可是他有些想法是不对,我要怎么纠正呢?

答:难得您能够认为这是好事,是的,我们应该为孩子有自己的想法而高兴,孩子的想法对与错并不是大人说了算,一些家长总认为孩子的想法不正确,其实是家长的思维被禁锢了。前天我的一个当小学校长的朋友告诉我,她12岁的儿子说要考哈佛,她认为这是痴人说梦、异想天开,我批评了这个校长,因为孩子的未来有无数可能。

问:怎么应对孩子挑食的问题啊?

答:孩子挑食的根源在于父母,很多家长在对待孩子吃饭的问题上,没有一个正确的认识。其实,对于偏食、挑食的孩子,最有效的办法就是——饿三天,饿上三天他啥都吃。孩子之所以出现这些问题,主要就是父母惯的臭毛病。其实,不用饿上三天,饿他一顿就管用。

问:想问问您家闺女是否上过培训班?我现在很矛盾,看着孩子小小的模样,送他去学习,心有不忍,但身边朋友家的孩子早早去了,我又担心孩子输在起跑线上,想听听您的建议,谢谢!

答:所谓的"输在起跑线上"是骗人的鬼话,人生是个慢跑,哪个阶段都很重要,只要孩子喜欢,适合孩子,且不增加他的学业负担,报一两个班也未尝不可,但不要功利地去与人虚荣攀比。

问:老师,您这种教育模式适合什么样的孩子呢?还是都可以参考?

答:我的教育是贫民化、大众化的,不是以上北大、哈佛为目的,而是以孩子的健康、快乐为旨,所以适合天下所有的孩子。

问:老师,我家是男孩,男孩和女孩在教育上会有很大的不同,您可以具体讲讲吗?另外,一般我陪伴孩子的时间比较多,发现孩子特喜欢在我面前撒娇,担心他长大后缺少男子汉气概,会有影响吗?

答：对男孩和女孩的培养是有很多共性的，其差别主要是内在性格品质的塑造——男重刚、女侧柔。您这种情况还真得注意，要少给或不给孩子这样的机会，不然就又会多个"弱男"。

问：老师好，我们家是女孩子，但有时候有点男孩子性格，上课居然会调皮，老师跟我们说过，上课时她和同学一起搞恶作剧，请问老师我该怎么办呢？

答：我不知道您的孩子多大，我女儿性格开朗，在小学期间，上课也很调皮，甚至把椅子都搬走了，搞恶作剧是常事，我没有批评孩子，因为我认为这说明孩子思维活跃。但我们要积极引导，在肯定孩子的同时，告诉她还要遵守一些规则，不要影响他人。现在我上大学的女儿已经很"淑女"了，呵呵。

问：老师，您好！很多小学在升初中的时候都有秘密的奥数、奥语的升学考试，让家长交很多钱带孩子上课，提前考试，慢慢成为一个恶循环，您怎么看这个问题？

答：奥数是中国教育的一个怪胎、一个毒瘤，我和女儿都不懂什么奥数，但是她依然是快乐的阳光女孩，我也是幸福的老爸。让奥数见鬼去吧！！！

问：您对孩子发过火吗？您与孩子吵过架吗？怎样跟孩子进行平和有效的沟通呢？

答：发过火，但没有吵过架，不过争辩时常有，我们都是以理服人。无论是家长还是孩子都要讲道理，和孩子沟通最有效的方式就是平等。

问：在和孩子完成一个游戏时，比如说飞行棋比赛，孩子总不让我们家长赢，只准自己赢。孩子太小了，才4岁，我们需要怎样与孩子沟通才可以让孩子明白，其实应该遵守游戏规则？您是怎么做到的？

答：规则意识很重要，要从小树立。偶尔让着孩子可以，但也要让孩子"品尝"失败，告诉孩子成功固然重要，但失败是成长的必然过程，把一些人生成败用有趣的故事讲出来，孩子会在似懂非懂中体验成功与失败。

问：老师，我有一个很严重的问题，我家女儿8岁了，从小很怕她父亲，见了她父亲像老鼠见了猫一样，有时候明明是父亲的错误，孩子也不敢说出来，更不敢反抗，长此下去，会不会让孩子变得很胆小怕事？

答：您先生必须要改变对孩子的态度！！！爱不一定非要威严，让孩子惧怕，而要宽严有度。

后 记

受去年《做父亲的幸福》和《一路玩来是长大》（女儿范姜国一的作品）招标成功的影响，今年《发现父亲》和《教育36法》两部书脱稿前，我也想到了招标。于是，7月底，我将招标资料发送给向我约稿的出版机构。

和去年一样，一些有兴趣的出版单位与我商谈具体合作事项。此时，南方出版社北京图书中心家教编辑孙宇婷，通过电子信箱给我发了一封信，说得知我的新作《发现父亲》和《教育36法》正在招标，对此很感兴趣，想索取一份相关资料。

次日，一个短信从北京发到我的手机上："东子老师您好，很冒昧和您联系……"这条短信是南方出版社北京图书中心编辑部主任师建华老师发来的。

当日下午，我和师建华老师通了电话，电话中，她详细地向我介绍了她们公司的情况，重点介绍了以前出版过的一些作品及营销策略，希望能够参与招标。当晚，我将此次招标的有关资料发给师建华老师。

此后几日，他们和其他几家出版机构一样，一直与我保持沟通，谈版税、印数、营销推广等相关话题。

在与大家谈得热火朝天时，受公司总经理的委托，师建华携孙宇婷专程来到长春，与我面晤，经过一天轻松愉快的沟通，达成了合作意向。此次合作，不仅是招标的两部书稿，同时将女儿范姜国一已经到期的《玩过小学》和《快乐初中》的升级版，也一并授权，给予他们出版权。她们返京后，第一时间寄来了图书出版合同，至此成功签约。

为了两部书稿，专程到作者所在地登门洽谈，这种诚意，着实令东子感动。由此，我婉拒了其他正在商议合作的出版机构，决定将这套书"嫁"给南方出版社。

为了能够做好这套书，2013年10月上旬，我应邀到北京就该书的编辑、推广等事宜，会晤了公司总经理等相关领导，并与编辑部、市场部、发行部等相关部门进行了深入交流。在与各部门的沟通中，通过大家集体讨论，认为《家教兵法》更适合这套书的内容、定位，所以当天确认《教育36法》正式更名为《家教兵法》。

于是，就有了您面前的这两本书：《发现父亲》和《家教兵法》。

借这套书出版之机，向为其付出辛劳的师建华老师和孙宇婷老师，及我的女儿范姜国一和她最好的姐妹汪苗同学表示感谢。

愿《发现父亲》能够使更多的为人之父觉醒，认识到自己的职责，给予孩子一份营养充足的父爱，与妻子共同为孩子撑起一片天；愿《家教兵法》能够使家长掌握适合自己孩子的教育方法，从而科学育儿，理性爱子。

愿孩子们都能够健康快乐地成长！

东子

2013年初冬于长春